Ilija Trojanow

# Zu den heiligen Quellen des Islam

فالله خير حافظا وهو أرحم الراحمين

*All den Brüdern und Schwestern,*
*die mir vor, während und nach der Hadsch*
*hilfreich zur Seite standen.*

## *Vorab*

Dieser Bericht steht in einer alten Tradition. Seit mehr als tausend Jahren existiert der literarische Typus einer Reiseerzählung über die Hadsch, auf arabisch Rihla, auf persisch Safarnameh genannt – Zeugnisse einer Pilgerschaft als Kulmination aller Sehnsüchte, als einzigartige Aus-Zeit, so reich an Mühsal und Zermürbung wie an Belohnung und Beglückung. Ob Naser-e Khusrau, Ibn Jubayr, Ibn Battuta, Mohammed Farahani, Hossein Kazemzadeh oder Muhammad Asad – um einige der berühmtesten zu nennen –, die Autoren versuchten zu informieren und zu erleuchten, ohne ihre Erfahrungen zu beschönigen oder ihre Leiden zu verschweigen. Auch sparten sie nicht mit Kritik an den vorgefundenen Zuständen und dem gelebten Islam. Auf der Hadsch klafft seit jeher eine Kluft zwischen Verheißung und Verwirklichung, die den Berichten eine besondere Spannung verleiht. Es ist dem Autor ein Anliegen sowie eine Ehre, in dieser Tradition zu stehen.

Gemeinsam ist allen muslimischen Autoren, daß sie

die eigenen Gefühle nicht in den Vordergrund stellen, daß sie nur selten aus dem Brunnen der eigenen Befindlichkeit schöpfen. Der Reiseerzähler, der die Welt um seine Physis und Psyche kreisen läßt, ist ein neueres, ein westliches Phänomen, das wesentlich dazu beigetragen hat, die Reiseerzählung als literarische Form zu diskreditieren. Unter dem gut halben Dutzend nicht-muslimischer Hadsch-Autoren – so verschieden in ihrem Charakter wie in ihren Alibis oder Maskeraden (Sklaven, Konvertiten auf Zeit, Forscher und Abenteurer) – ragen die Berichte des Schweizers Johann Ludwig Burckhardt sowie des Briten Sir Richard Francis Burton heraus. Sie bemühen sich um Genauigkeit und sind von ideologischer Verleumdung und rassistischer Gehäßigkeit weitgehend frei. Bezeichnend ist, daß beide Autoren wenn nicht als »gute« Muslims, so doch zumindest als Sympathisanten des ideellen Islam gelten.

Allah bedeutet auf arabisch Gott und wird in diesem Sinn von arabischen Muslims und Christen gleichermaßen benutzt – so wie auch die Franzosen einen Gott haben, den sie Dieu nennen. Die Verwendung von Allah in einem deutschen Text steigert nur die Befremdung und legt einen islamischen Gottesbegriff nahe, der sich von dem geläufigen christlichen wesentlich unterscheidet. Dieses Mißverständnis gipfelt in der unsinnigen, aber gängigen Übersetzung der ersten Kalima, des Glaubensbekenntnisses, als: Es gibt keinen Gott außer Allah. Da es keinen anderen Gott gibt außer Gott, da er namenlos ist, weil nicht faßbar, werde ich den Begriff Allah nur in den Zitaten verwenden.

# *Aufbruch*

Vor der ersten Kontrolle wartete eine lange Schlange von Menschen, die alle gleich gekleidet waren. Die Schlange wand sich durch das Terminal, bis zum Ausgang und darüber hinaus. Wenige Schritte entfernt trennte eine gläserne Wand die Wartenden von ihren Verwandten, die, in den Farben des Alltags gewandet, aufgeregt, ausgelassen, dichtgedrängt Ausschau hielten nach einem letzten Winken, einer letzten Geste der Zuversicht. Draußen war es – obwohl mitten in der Nacht – warm und feucht, drinnen blies der kühle Atem der Klimaanlage, und den Wartenden war kalt, denn die Männer trugen nur zwei weiße Tücher, das eine um die Hüfte geschlungen, das andere um die Schultern gelegt. Die Frauen waren in ihren langen weißen Kleidern, die ihren ganzen Körper bedeckten, etwas besser geschützt. Draußen, inmitten eines Basars aus Erwartung und Erregung – das Gepäck umringt von Großfamilien, der Weg versperrt von Reissäcken und Körpern –, herrschte laute Festlichkeit, durchsetzt von einem schleichenden

Gefühl der Ungewißheit. Drinnen war die feierliche Atmosphäre ausgedünnt: Wir standen in einer einzigen ordentlichen Reihe und schoben unsere Wägen ruckweise voran, ruhig, als wüßten wir, was uns erwartet.

Stunden zuvor hatten sie mich zu Hause abgeholt. Sie waren bewegt, überdreht, aufgeregter noch als es Verwandte oder Freunde bei einem solchen Anlaß sind, denn sie selbst hatten mich in den Monaten zuvor auf diese Reise vorbereitet, sie hatten meine Fragen beantwortet und meine Vorfreude mit mir geteilt – sie waren Zeugen meiner Entwicklung zum Pilger gewesen. Sie hatten den Ihram, jene zwei weißen Tücher aus Frottee, für mich gekauft; nun halfen sie mir, ihn anzulegen. Sie umringten mich für das obligate Foto und verscheuchten das Lächeln aus ihren Gesichtern wie ein aufsässiges Kind.

Nach einem kurzen einsamen Gebet stand ich mitten im Zimmer und fühlte mich ausgeliefert; die Freunde begutachteten mich, äußerten ihre Zufriedenheit, und doch spürte ich zwischen uns eine gewisse Distanz. Mit dem Anlegen des Ihram war ich in den Zustand des Pilgers getreten und als solcher ihnen nicht mehr gleich. Nicht nur, weil ich in beneidenswerter Weise gesegnet war, für mich galten von nun an in vielem die umgekehrten Regeln als für sie, die »normalen« Gläubigen. Im Ihram war es mir verboten, Haare und Nägel zu schneiden, genähte Kleidung oder Kopfbedeckung, feste Schuhe oder Socken zu tragen, Parfüm zu benutzen, das Gesicht zu verdecken, Geschlechtsverkehr zu haben, Tiere zu töten (von einigen gefährlichen und giftigen Ausnahmen abgesehen), zu kämpfen und zu streiten. Mit dem Ende der Pilgerschaft würde ich zu den Freunden und den gewohnten Normen zurückkehren, ausgezeichnet allerdings als Hadschi, als jemand, dem Respekt gebührt, weil er die Pilgerreise nach Mekka abgeleistet hat.

Kannst du das *Labbayk** aufsagen? fragte mich einer der Freunde, und ich stimmte die erste Zeile an, etwas zaghaft anfangs, aber zunehmend sicherer, sobald die anderen in meine Rezitation einfielen und wir gemeinsam, im sechzehnten Stock eines Hochhauses in Bombay, den Pilgerruf sprachen:

> *Labbayk, Allahumma, labbayk;*
> *labbayk, laa scharika laka, labbayk;*
> *inna-l-hamda wa nimata laka walmulk;*
> *laa scharika laka!*

Auf der Fahrt zum Flughafen sammelte ich die Gebetswünsche meiner Brüder ein. Gebete, die für einen Mitmenschen gesprochen werden, sind wirkungsvoller als Gebete, die man ichbezogen formuliert. Am mächtigsten aber sind die Gebete, die für einen anderen Muslim vor der Kaaba in Mekka und am Grab des Propheten (Sallallahu alaihi wa-sallam – saw) in Medina vorgetragen werden. Ich versprach, für die Mutter und

* Begriffserklärung am Ende des Buches im Glossar.

die hochschwangere Frau, für die frisch Verheirateten und den jüngst Verstorbenen zu beten.

Am Terminal 2, zu dieser Jahreszeit »Hadsch-Terminal« genannt, verabschiedeten wir uns voneinander. Burhan, der mir bei der Vorbereitung sehr geholfen hatte, nahm mich konspirativ zur Seite.

Du wirst Sachen erleben, sagte er, die dir seltsam vorkommen werden. Die Hadschis benehmen sich manchmal wie Verrückte. Vielleicht wirst du den Sinn mancher Rituale anzweifeln: das Hinundherlaufen zwischen den Hügeln oder das Bewerfen der Säulen mit Steinen. Und du wirst dich über das Verhalten mancher Hadschis wundern. Aber du mußt verstehen, daß alles aus Liebe geschieht. Der Liebende tut manchmal unvernünftige Dinge, um seine Gefühle zu äußern, um dem Geliebten zu gefallen. Er ist heftig und hemmungslos. Worauf mich Burhan heftig umarmte, und ich mich der Warteschlange anschloß.

Zuerst fiel mir die grüne Farbe auf, dann die Aufschrift: Cosmic Travel. Vor mir der Herr mit kleinem Sohn – sein Wohlstand äußerte sich in einem Ihram aus feinem Stoff und einer eleganten Brille – schob einen Wagen mit grünem Gepäck. Eine Familie saß etwas abseits auf dem Boden, umringt von Cosmic-Travel-Taschen. Um mich herum waren viele, die so wie ich eine größere und eine kleinere grüne Tasche mit der Aufschrift des Reisebüros trugen. Wir gehörten alle zu einer Gruppe, wir waren alle abhängig von unseren Reiseleitern, die das Privileg hatten, jedes Jahr auf Hadsch zu fahren. Am vertrautesten von ihnen war mir

Hamidbhai, ein Kettenraucher mit Tränensäcken und einer vorstehenden Unterlippe, der beim Reden den Eindruck erweckte, sogleich in den Schlaf der Gerechten zu fallen, selbst wenn es um ihn herum tobte. Er konnte schmunzeln; tief in seinen Augen schlummerte eine grundsätzliche Belustigung über die Menschen und die Welt, die gelegentlich – eher selten – in wachen Witzen zu Tage trat. Es war nicht einfach, ihn auf Anhieb sympathisch zu finden, und es war unmöglich, ihn nach einiger gemeinsam verbrachter Zeit nicht zu mögen.

Hamidbhai stand am Check-in-Schalter und dirigierte die Gepäckaufnahme. So leichtbekleidet die Pilger waren, so schwerbeladen machten sie sich auf den Weg. Handel zu treiben während der Hadsch ist seit jeher erlaubt; in vorislamischer Zeit strömten die Beduinen nach Mekka, nicht nur um die Götterschreine, sondern auch um den großen Markt zu besuchen, und der Prophet (saw) – die menschlichen Bedürfnisse mehr bedenkend als viele andere Religionsstifter – erlaubte diese Tätigkeit, die geeignet war, die Reise zu motivieren und zu finanzieren. Die Basmati-Säcke stapelten sich vor dem Air-India-Schalter; die Gepäckwagen waren so überladen, daß sie sich kaum bewegen ließen. Und es waren so viele, daß die nicht handeltreibenden Pilger über Kisten und Säcke steigen mußten, um zum Schalter zu gelangen. Auch in einer Epoche, in der man in wenigen Stunden ganze Zeitzonen überspringen kann, war der Weg nach Mekka mit einigen Hindernissen gepflastert.

Hamidbhai überreichte mir eine der besseren Bordkarten. Obwohl bei Hadsch-Flügen formell nicht zwischen Business und Economy unterschieden wird, sind die Sitze auf dem oberen Deck der Boeing 747 stets bequemer; ich freute mich über das Versprechen einer geruhsamen ersten Nacht auf einer Reise, die Schlaflosigkeit garantierte. Ein Mitarbeiter des Reisebüros, der sich von Herzen mit mir gefreut hatte, als ich das Visum erhielt, bat mich inständig um ein Gebet darum, daß es ihm vergönnt sein möge, im nächsten Jahr auf Hadsch zu gehen. Ich nahm die Aufgabe an – es würde reichlich Gelegenheit geben, alle Versprechen einzuhalten. Die anderen Passagiere im Terminal 2 – Geschäftsleute mit Destination Singapur, Yoga-Touristen, die nach Paris heimkehrten – starrten uns an, verblüfft über die Männer in archaischer Bekleidung, die auf ihren Handys letzte Telefonate erledigten, während sie sich in die gewundene Schlange vor der Paßkontrolle einreihten.

Jede Reise beginnt vor ihrem Antritt, auf die Hadsch aber, die Pilgerfahrt nach Mekka, bereitet sich der Gläubige ein Leben lang vor. Von Kindesbeinen an, wenn er zum ersten Mal vernimmt, daß die Hadsch zu den Pflichten eines jeden Muslim gehört, sehnt er sich danach. Verspürt er die Verpflichtung nicht aus freien Stücken, von innen heraus, so helfen seine Nächsten nach, indem sie ihn wie jeden Muslim, der es sich leisten kann, so lange zur Hadsch drängen, bis er sich in die Notwendigkeit ergibt. Täglich wird ihm mit der Richtung jedes seiner Gebete Mekka vergegenwärtigt. Einmal im Jahr erlebt er die Aufregung und Anspannung beim Aufbruch der Verwandten mit, die er am Flughafen feierlich verabschiedet (früher am Bahnhof, am Hauptmarkt). In den Wochen vor den festgelegten Tagen der Pilgerschaft spricht der Imam in der Khutbah, seiner Predigt am Freitag, von der Bedeutung der Hadsch und von den Pflichten des Pilgers.

Das göttliche Gesetz verlangt, erklärt er, daß man seine familiären und geschäftlichen Verhältnisse in Ordnung bringt, bevor man aufbricht.

Der Pilger sollte ausreichend Geld für seine Familie hinterlassen, und keine Schulden; selbst wenn sein Nachbar Not leidet, sagt ein Hadith, muß er die Reise aufschieben. Denn die Hadsch ist nicht nur eine individuelle Pilgerschaft, sondern auch eine Versammlung Gleicher, eine Beschwörung der Umma, der muslimischen Gemeinschaft. Am wichtigsten aber ist, daß der Gläubige sich vorab von seinen Lastern und Schwächen befreit (*Und verseht euch mit Zehrung; aber wahrlich, die beste Zehrung ist Rechtschaffenheit.* 2:197). Die Hadsch wird ihn zwar von allen Sünden reinigen, aber sie wird nicht einen besseren Menschen aus ihm machen. Wer als Lügner oder Heuchler aufbricht, wird als Lügner oder Heuchler heimkehren. Die Hadsch ist kein Selbstzweck, sie wirkt nicht an sich. Eine falsch durchgeführte Hadsch ist weniger wert als keine Hadsch. Deswegen und weil die Hadsch nicht nur ein Höhepunkt im Leben ist, sondern auch einen beachtlichen finanziellen Aufwand bedeutet, muß der Gläubige lange, manchmal jahrzehntelang, darauf sparen und in dem Jahr vor seinem Aufbruch eine Reihe spezieller Gebete und Rituale erlernen.

# *Ankunft*

*Die heilige Stadt siehst du erst,*
*wenn du angekommen bist.*

Im ersten der vielen Warteräume des Flughafens von Dschidda wurden wir in den Sprachen der Umma begrüßt: HOŞ Geldiniz, Mabuhay, Selamat Datang, Hu Soo Dhawada, Bemvindo, Bienvenue, Karibuni, Sanon Dezuwa. Vor uns verließen die letzten Mitglieder einer türkischen Gruppe den Raum, auf uns folgten zentralasiatische Pilger, die sich auf russisch sowie einer mir unbekannten Sprache unterhielten. Im ersten Raum füllten wir ein Einreiseformular aus, das von einigen Beamten, die durch die Reihen gingen, kontrolliert wurde, bevor wir in den nächsten Raum hineingelassen wurden, auf Bänken Platz nahmen (links die Frauen, rechts die Männer) und nach einer Stunde unsere Einreisepapiere einem Uniformierten am Schalter vorzeigten. Computerlesbare Streifen wurden in unsere Pässe geklebt; danach durften wir in die dritte Halle vortreten, wo uns eine erheblich zügigere Zollüberprüfung in die Gepäckabholung entließ. Das Gepäck unserer Gruppe wurde von dunkelhäutigen Arbeitern auf Karren gehievt, gestapelt und hinausgeschoben. In einem letzten Schritt mußten wir vor dem Terminal an einem zu allen Seiten offenen, quadratischen Schalter die finanziellen Formalitäten erledigen. Wir gaben Schecks in Höhe von etwa dreihundert Euro ab, für die wir einen doppelseitigen Einkleber in den Paß erhielten, bestehend aus mehreren Gutscheinen, mit denen in der Folge unsere Busfahrten nach Mekka, von dort nach Medina und von Medina zurück nach Dschidda bezahlt wurden.

Endlich standen wir im Freien. Es roch nach Leder, Diesel und einem Reinigungsmittel; eine letzte Brise der Nacht blies über uns hinweg. Zwischen uns und dem Himmel ahmte ein hellbeiges Dach überdimensionierte Zelte nach, unzählige Kuppeln, elegant über eine Fläche von mehreren Quadratkilometern gespannt als Teil des angeblich größten Flughafengebäudes der Welt. Die Pilger waren in Gruppen zusammengeschnürt; manche trugen schon den Ihram, andere noch ihre Landestracht. Oft folgten sie einem Fahnenträger, wie Athleten beim Einmarsch in die olympische Arena, manche Gruppen in Formation, andere in Konfusion. Sie trugen ihre Herkunft auf dem Revers oder auf dem Rücken, meldeamtliche Angaben über Provinz, Stadt und Reisegruppe, gebündelt unter einer weiteren, einer Miniaturfahne, ihr vermeintlicher Schutz gegen die Gefahr verlorenzugehen. Die Zelthalle war in nationale Areale aufgeteilt, die keiner offensichtlichen Ordnung folgten und nicht immer genau eingehalten wurden – als Inder saßen wir im pakistanischen Sektor.

Dort harrten wir sieben Stunden aus, Stunden, in denen wir nicht wußten, worauf wir warteten, in denen wir Tee mit Kondensmilch aus Plastikbechern schlürften – die ersten von unzähligen solcher Tassen. Zwischen den Zeltdächern war jeweils ein Spalt offen gelassen worden, durch den die Sonnenstrahlen fielen – grelles Licht, das durch ein Netz von Kanälen über den Boden floß.

Früher, erzählte Hamidbhai, der sich in einer kurzen Pause von seinen Verhandlungen mit den Offiziellen zu uns hockte, hat die Abwicklung am Flughafen schon einmal zwanzig Stunden gedauert. Und noch früher wurden die Pilger am Hafen von Dschidda gelegentlich tagelang festgehalten.

Die Verzögerung, einst der Gier einheimischer Profiteure und osmanischer Verwalter geschuldet, verdankt sich heute dem komplizierten bürokratischen System, das die saudi-arabische Regierung entwickelt hat, um die Pilger unter Kontrolle zu halten. Am Flughafen werden alle Pässe eingesammelt, und bis zur Rückkehr zu diesem Flughafen Wochen später bekommt der Pilger seinen Paß nicht in die Hand. Aber er begleitet ihn, inkognito sozusagen; er liegt mit den anderen Pässen in einem Sack neben den Fahrern und Führern, und gelegentlich verschwindet er in den tiefen Regalen amtlicher Büros in Mekka und Medina, wo ihn zu finden – wie ich erfahren sollte – ebenfalls viele Stunden dauern kann.

Die Straße von Dschidda nach Mekka dürfte die am dichtesten befahrene der Arabischen Halbinsel sein. Anfangs lag Müll am Rande der Autobahn, aufgefangen von den Gräben zu beiden Seiten, aber mit zunehmendem Abstand zur Stadt wurde die Wüste sauberer. Nach einigen Kilometern schlängelte sich die Straße über eine Kette niedriger Hügel zur Bahra-Ebene. Heller Sand kroch grimmige, abweisende Hügel hinauf. Wir fuhren der Hauptkette der Westarabischen Berge entgegen. Ein Bogen über der Autobahn in Form eines auf einem Ständer offenliegenden Korans, vierzig Tonnen schwer, bezeichnete die Grenze des Miqats, des Gebiets um Mekka herum, das man als Pilger nur im Ihram betreten darf. Später, nach erfolgten Ritualen, darf man den Ihram wieder ablegen. Doch wir im Bus trugen alle Weiß und zitterten wegen der Klimaanlage. Die Straße war schon hundert Jahre zuvor so gut ausgebaut, daß kräftige Esel die Wegstrecke in sechs bis sieben Stunden zurücklegen konnten. Bei uns dauerte es, aufgrund von Wartezeiten an Kontrollpunkten und wegen des Stoßverkehrs auf den letzten Kilometern, unwesentlich kürzer.

Wir bemerkten nicht, wann wir das Seitental erreichten, in dem die heilige Stadt zweihundert Meter über dem Meeresspiegel liegt. Plötzlich hielten wir an einer Kreuzung, um uns herum Hügel – wo auch immer man in Mekka steht, Hügel versperren einem die Sicht. Auf allen Seiten erhoben sich Häuser, kletterten die Hügel hinauf, bis ihnen die Kraft ausging und die graue Stadt grauem Felsgestein wich.

Der eigentliche Name der Stadt ist Makkah, aber wie alle Orte von herausragender geistiger Bedeutung trägt sie eine Reihe ausdrucksvoller Ehrenbezeichnungen, unter denen »Mutter der Städte‹, ›Die Edle‹ und ›Der Ort der Gläubigen« zu den einfacheren gehören. Wird sie in Rede oder Schrift erwähnt, gebührt es sich, aus Respekt *Dhadaha allahu azmatan wa kerama* hinzuzufügen – Gott der Allmächtige möge Sie erhöhen.

Der Bus hielt vor dem Büro eines Muallim (auch Mutawwif genannt), einem der örtlichen Führer, dem sich jede Gruppe anvertrauen muß. Während wir im Bus ausharrten, stieg ein junger Mann zu, der uns wortlos Getränke und kleine Snacks reichte, eine organisierte Fürsorge, die sich in den Tagen der Pilgerschaft bei jedem Aufbruch, jedem Zwischenhalt und jeder Ankunft wiederholen sollte. Das war die erste Konstante, die zweite – den schreienden Saudi-Araber – erlebten wir kurz darauf, als der Busfahrer eine falsche Abzweigung nahm, vielleicht weil ihn unser Reiseleiter nicht richtig informiert hatte. Wir blieben in einer Unterführung stecken, in der Pilger ausgeladen und aufgesammelt wurden. Der Zorn des Busfahrers entlud sich in einer hysterischen Explosion, einer hochoktavigen Schimpftirade. Er wurde nicht leiser, während er den Bus aus der Unterführung manövrierte, er beruhigte sich nicht, als er wendete; er kläffte wie ein Köter bis wir unser endgültiges Ziel erreichten. Wir Pilger stiegen erleichtert aus und waren mit einem Blick versöhnt: Vor uns, keine zweihundert Meter entfernt, erhob sich die Große Moschee. Unsere Pension befand sich unmittelbar gegenüber der Haram al-Sharif, in dessen Mitte die Kaaba steht.

Besser, sagte ein Pilger hinter mir, kann man es nicht treffen.

Wir schulterten unsere grünen Taschen und versammelten uns an der Rezeption, wo wir aufgeteilt wurden – die Männer ohne weibliche Begleitung zu acht in kleine Zimmer, vier Betten an den Wänden, dazwischen vier Matratzen nebeneinander, wie ein Lager bei den Pfadfindern. Ich legte mich auf die Matratze in der Nähe von Bad und Tür und atmete durch.

## *Das erste Gebet*

Als ich mich auf den Gebetsaufruf hin, mit einiger Verspätung allerdings, nach draußen begab, realisierte ich, daß eine sehr breite, ansteigende Straße die erste Häuserfront, zu der unser Gästehaus gehörte, von der Großen Moschee trennte. Soweit das Auge reichte – die Straße hinab und über den gewaltigen Vorplatz – war jeder Quadratmeter freier Fläche von Pilgern besetzt, die ihre Teppiche und Matten ausgebreitet hatten und sich auf das Nachmittagsgebet vorbereiteten. Es gab kaum noch Platz für Nachzügler. So erfolgte mein säumiges Gebet zwischen einer Abflußrinne und einer sudanesischen Straßenverkäuferin, die sich als einzige keinen Deut um das gemeinschaftliche Ritual scherte. Es war das erste von vielen Gebeten an scheinbar unpassenden Orten: im Schatten von Polizeijeeps, hinter Schaufenstern, an Autobahnausfahrten, in Einkaufszentren, vor Frisiersalons und neben Drainagen. Auf der Hadsch lernt man überall zu beten, und durch das Eindringen des Gebets in die Nischen des Alltags, in die Niederungen der Banalität, verändert sich die eigene Auffassung vom Gebet, denn es tritt aus der Moschee heraus, um allgegenwärtig zu werden.

Da ich zu spät in das Gebet hineingefunden hatte, benötigte ich etwas länger als die anderen Betenden. Ich sprach gerade das abschließende Tashahhud, als sich die stille Einheit um mich herum in ein brodelndes Getümmel verwandelte. Keiner respektierte mein Gebet, wie ich es aus der Moschee in Bombay gewohnt war. Niemand achtete darauf, nicht auf meinen ansonsten als Intimbereich geltenden Gebetsteppich zu treten, mich nicht zu stören. Knie stießen mich, Füße traten auf meine Matte, Stoffe streiften meinen Kopf, mein Gesicht. Als ich mich aufrichtete, befand ich mich inmitten eines afrikanischen Straßenmarkts, samt resoluten Verkäuferinnen mit lassoartigen Stimmen, die angebotenen Stoffe, Gebetsketten, Käppis und Sandalen in Häufchen auf Tüchern ausgelegt, umringt von Pilgerscharen aus aller Welt.

Inder und Pakistani in Kurta Pajamas, der Fez aus Anatolien, Afghanen im Pathani samt schwerer Weste, das bestickte schwarze Käppi aus Taschkent, Araber aus der Golfregion in langen weißen Dschellabiya, das rot-weiße Kopftuch der Beduinen, Suaheli in Kanzus, die weichen und die starren Topis, Zentralasiatinnen in Matronenkleidern, der Hidschab als einzige Konzession an Ort und Anlaß, iranische Geistliche in wallenden Überhängen, die weißen und die farbigen Topis, unbekannte Wesen in der Burkha, die einfachen und die verzierten Kopfbedeckungen, Marokkaner in reich gesäumten Dschallabas, der aufwendige Turban der Ayatollahs, Westafrikaner in singenden Farben und breiten Boubous, die Käppis, die wie kleine Hauben aufgelegt waren, und jene, die wie Kochmützen hochragten, Türken in schweren grüngrauen Uniformen und Fellachen in Qaftan und Gubba. Und die Tücher, eintönig oder mit Farbe im Spiel, Tücher, die um den Kopf gewickelt, und Tücher, die über den Kopf gezogen waren. Die Vielfalt war unvergleichlich; sie widerlegte die Behauptung, der Islam habe in den Ländern, in denen er sich ausgebreitet hat, alle kulturellen Differenzen ausgebügelt. Obwohl vereint in einem für alle gleichen Gebetsritual (kleinere Unterschiede in Handhaltung oder Bewegungsabfolge zwischen den vier traditionellen Rechtsschulen spielen keine wesentliche Rolle), trugen alle, die nicht im Ihram gekleidet waren, weil sie die erste rituelle Etappe schon absolviert hatten, ihre traditionelle Tracht – nie zuvor hatte ich unter so vielen Menschen so wenige Hemden und Hosen gesehen.

Es war auffällig, daß sich im islamischen Kulturkreis die althergebrachte, lokale Kleidung erhalten hat, nicht als Folklore, sondern im täglichen Gebrauch. In den christianisierten Gesellschaften hingegen hat sich die europäische Einheitsmode durchgesetzt, wie der Vergleich etwa zwischen den Philippinen und Indonesien zeigt. Die westlich gekleideten Filipinos hätten ausgesprochen langweilig ausgesehen neben den eleganten Indonesiern in ihren aufgeschlossenen, bunten, mal abstrakt, mal mit Blumen und Vögeln gemusterten Batik-Hemden, die über einen Sarong fielen, ihre Jacken mit einer Schmuckfarbe versehen, die auch das Kopf- und Halstuch der Frauen zierte.

# *Rituale*

*Kein Pilger kann jemals den ersten Anblick der Kaaba vergessen.*

Zu Fuß waren es von unserem Hotel aus keine zwei Minuten zu einem der neunundneunzig Eingänge des Harams, der allerheiligsten Zuflucht. Wären da nicht die Strömungen der Menschenmassen gewesen. So dauerte es eine Viertelstunde, bevor wir – von der Menge abgetastet und schließlich durchgelassen – ins Innere der Großen Moschee gelangten. Hamidbhai, den ich nach dem Nachmittagsgebet auf dem Bürgersteig traf, hatte mir angeboten, mich durch die erste rituelle Aufgabe zu geleiten. Zwei weitere indische Pilger gesellten sich zu uns; zusammen bahnten wir uns einen Weg durch die dichte Menge. Die Hand auf der Schulter des Vordermannes war unsere einzige Navigationshilfe. Frauen knoteten oft ihre Schleier aneinander, um sich nicht zu verlieren, oder verschränkten mit unnachgiebiger Kraft ihre Hände, so daß es unmöglich war, durch eine geschlossene Gruppe zu gelangen. Wir klammerten uns aneinander und wiederholten den Pilgerruf, den Hamidbhai intonierte: *Labbayk Allahumma, labbayk; laa sharika laka labbayk ...*, bis wir die stakkatoartig vorgetragene Lobpreisung im Chor sprachen.

Vor dem Eingang zog mich Hamidbhai zu sich und sagte eindringlich: Der Wunsch, den du äußerst, wenn du das erste Mal die Kaaba erblickst, wird sich erfüllen. Du mußt jetzt die Augen nach unten richten. Blicke erst auf, wenn ich es dir sage.

Ich ließ meine Sandalen am Eingang zurück, dort, wo sich tausende andere Paare häuften, und trat barfuß durch das Abdul-Aziz-Tor, allein den marmornen Boden im Blick. Von der Menge geknetet, in Eigenlautstärke den Pilgerruf rezitierend, aufgeregt wie vor einer großen Prüfung, schritt ich langsam voran, mich enger und enger in das Gebet hüllend, um mich herum Stimmen, einzeln, im Chor.

Vor der Moschee hatten wir ein wenig drängeln, ein wenig schubsen müssen, um nicht weggeschwemmt zu werden, drinnen mußten wir kämpfen. Offensichtlich achtete kaum ein Pilger auf die Beschwörungen der Führer, rücksichtsvoll zu sein, niemanden zu stoßen, sich nicht grob, rüde, egoistisch zu verhalten, in einem Wort: nicht zu sündigen. Die Menschendichte zwang einen, sich gegen seinen Nächsten zu behaupten, die Mißachtung breitete sich aus wie ein Infekt. Ein Teil von mir spürte eine aggressive Panik aufkommen, der andere Teil schwebte.

Bete darum, sagte Hamidbhai, während wir Treppen hinabstiegen, bete darum, daß du immer nur um das Richtige beten wirst. Bete um die Angemessenheit deines Gebets.

Und dann, einige *Labbayk*-Zyklen weiter, sagte er: Nun schau auf.

Der Anblick war ergreifend. Unmittelbar. Ohne Betrachtung oder Reflexion. Die einfache Form der Kaaba, das schwarze Brokat – die Kiswah, schön wie ein Brautschleier –, der pilgergesättigte Innenhof, der Strudel um den unbeugsamen Kubus herum. Die Atmosphäre von Erregung und Beglückung, aufgeladen mit den Lebensträumen, die sich in diesen Augenblicken verwirklichten. Und ohne nachzudenken, ohne mich vorbereitet zu haben, kam in mir ein bestimmter, klarer Wunsch auf, und meine Augen füllten sich mit Tränen. Wir stiegen vorsichtig über die vielen Menschen, die sich am Rande des Innenhofs niedergelassen hatten und den Zugang zur Kaaba blockierten, und überließen uns dem Strudel, um das Tawaf zu absolvieren, das siebenmalige Umkreisen der Kaaba.

Fast lösten wir uns auf in dem Gedränge, die Kaaba aber, die wir während des Tawaf eigentlich nicht anblicken sollten, blieb ein ruhender, ein verläßlicher Mittelpunkt. Ihre Ecken zeigen in die vier Himmelsrichtungen. Früher waren sie nach den großen Karawanen benannt, nach Jemen, Syrien, Irak und Ägypten. Die kleine goldene Tür in dem grauen Kubus war verschlossen (einmal im Jahr wird sie für die zeremonielle Reinigung mit Rosenwasser in Gegenwart des saudischen Königs geöffnet), und nichts verzierte den Bau außer das schwarze Kiswah-Tuch, das an den Enden hochgeschlagen war, um die Hadsch-Zeit anzudeuten, vielleicht aber auch, um es vor den vielen gierigen Pilgerhänden zu schützen.

Wir waren am äußeren Rand des Gedränges. Es war undenkbar, die ersten drei Umrundungen wie vorgeschrieben im Laufschritt zu bewältigen, die »Brust herausgestreckt wie ein tapferer Soldat«, die rechte Schulter freigelegt. Die Umrundung beginnt dort, wo der Schwarze Stein eingefaßt ist, dieses mysteriöse Relikt aus Urzeiten – ein Meteorit vielleicht, laut Legende einst weiß wie Kalk, aber von den vielen sündigen Lippen und Händen, die ihn im Laufe der Zeit berührt haben, dunkel geworden. Ein fußbreiter Streifen, der auf dem Marmorboden von dem Schwarzen Stein nach Osten führt, markiert Anfang und Ende des Tawaf, und jedesmal wenn wir eine Runde vollendeten, hielten wir an und hoben die offenen Handflächen in die Höhe, um die Segnung, die von dem Stein ausgeht, zu empfangen, riefen *Bismillah Allahu Akbar* aus und küßten unsere eigenen Hände.

Die Aufregung der Menge brach durch meine Gebete. Wir taumelten, jemand klammerte sich an meine Schulter, jemand riß mir das obere Tuch fast weg, wir holten kollektiv Luft. Einige Handflächen vor uns fuchtelten Männer mit den Armen, verzweifelt bemüht, die Menge umzuleiten. Auf dem Boden lag eine ohnmächtige Frau, umringt von Pilgern, die hektisch versuchten, einige Sanitäter auf sich aufmerksam zu machen.

Wir hatten erst mühsam zwei Runden vollbracht, als zum Nachtgebet gerufen wurde. Ein Wunder geschah: Das wilde, tosende, schnellende Kreisen erstarb, ein jeder nahm seine Position ein und fand die rechte Haltung zu seinen Brüdern und Schwestern, die ihn umgaben; eine Stille kristallisierte sich heraus, aus der sich eine gedrechselte Stimme hinaufschwang und das Gebet eröffnete.

Könnte man die ganze Welt zur Gebetszeit mit einem Blick erfassen, so würde man die konzentrischen Kreise der Betenden erkennen, die sich zur Kaaba hin ausrichten. Beim Gebet bildet die Umma, die Gemeinschaft aller Muslims, ein islamisches Ornament, und wir standen und knieten nur ein Dutzend Schritte von dem Mittelpunkt dieses lebendigen Musters entfernt.

Nach dem Gebet erhoben wir uns sofort; ein Verbleiben im persönlichen Gebet, wie üblich, wäre angesichts der aufbrausenden Fluten gefährlich gewesen. Bald waren spürbar weniger Pilger unterwegs, das Tawaf verlief ohne weitere Unterbrechung. Wir wichen Sänften aus, auf denen die Gebrechlichen im Laufschritt um die Kaaba herumgeschleppt wurden. Ich stieß gegen einen Pilger, der die Gebete vom Blatt ablas – manche Gruppen folgen einem Vorbeter, dessen einzeilige Rufe sie im Chor wiederholen. Ich wurde überholt von einem Araber, der eifrig telefonierte und sein Gespräch nur unterbrach, um ein *Bismillah Allahu Akbar* vorzubringen. Auf der letzten Runde umarmte mich ein alter Mann aus dem Norden Pakistans, und wir taumelten zusammen weiter, trunken vor Freude, unsere Gebete sowie unsere Schritte einander angepaßt, und für eine Weile war mir der Mann Großvater und Bruder zugleich.

Nach dem Tawaf sollte man eigentlich am Maqam

Ibrahim ein kurzes Gebet ausführen, an der Stelle, wo Ibraham (der biblische Abraham) einst gestanden hat – sein Fußabdruck ist in dem Stein zu erkennen. Aber angesichts des Gedränges wäre es rücksichtslos gewesen, sich dort auf den Boden zu werfen, zudem völlig unpraktisch und dem Gebet wenig zuträglich. Wir beteten, etwas entrückt, neben dem heftigen Schluchzen zweier Männer, ein jeder von ihnen auf seine Art überwältigt von dem Ort und dem Augenblick – losgelöst von dem Liebeswahn der Menge, wirkten sie gebrechlich und zart und unsicher.

Zur Zam-Zam-Quelle, heute unterirdisch gelegen, gelangten wir nicht, weil die Menge uns fortriß. Aber in der Moschee fanden sich viele beigefarbene Behälter voller Wasser mit zwei Reihen Plastikbechern davor – links die sauberen, rechts die benutzten. Es war ein schmackhaftes Wasser, stark mineralhaltig und vielleicht deswegen von manch einem früheren Pilger als brackig und faul bezeichnet, von dem man so oft und so viel trinken sollte, wie man kann. Meine Ulema-Brüder hatten keinen anderen Wunsch geäußert, als daß ich ihnen etwas von diesem gesegneten Wasser mitbringen möge, mit dem sie etwa bevorzugt das Fasten zu Ramadan brechen. Früher wurde das Zam-Zam-Wasser teuer verkauft, heute ist es kostenlos – man muß nur für den Behälter zahlen.

Das anschließende Saay (»Das Rennen«), die sieben Wegstrecken zwischen den Hügeln Safa und Marwa, hatte in der Beschreibung geklungen wie ein Härtetest in einem ausgedörrten Tal, wie eine Selbstkasteiung, wie eine Buße durch Entbehrung. In Wirklichkeit durchquerten wir nur eine der Seitenhallen der Moschee und traten in einen etwa zweihundert Meter langen Gang, der zwar etwas abschüssig verlief und in der Ferne wieder anstieg, ansonsten aber eher einem Korridor zwischen zwei Messehallen oder einem Hotel in Las Vegas ähnelte. Lange Neonröhren an den Seiten warfen ein steriles Licht über die Pracht und die Farbe des Marmors, von der Decke hingen zur Verschönerung elaborierte Kronleuchter. Die »Gipfel« der Hügel waren in ihrer natürlichen Form belassen. Wir konnten den schwarzen Fels unter den Fersen spüren, als wir uns zur Kaaba wandten und das vorgegebene Ausgangsgebet sprachen, ehe wir uns auf den polierten Gehweg begaben. Die zwei schmalen, eingefaßten Spuren in der Mitte des Ganges waren für Rollstuhlfahrer gedacht, wurden aber auch von den laufstärkeren Pilgern benutzt. Während ich mit meinen indischen Brüdern gemächlich dahinspazierte, sah ich aus dem Augenwinkel elegante afrikanische Gestalten vorbeischweben, in stolzen langen Schritten, die Arme wie Sensen geschwungen, und in ihren Gesichtern glaubte ich eine gewisse Geringschätzung zu erkennen für jene, die dem Saay weniger physischen Einsatz widmeten.

Die Legende, die diesem Ritual zugrundeliegt, reicht weit zurück, bis tief in die Urgeschichte jener Familie, die alle drei monotheistischen Religionen als Ahnen ansehen, der Familie Ibrahims. Die Mutter seines ersten Sohnes Ismail (Ishmael), die verstoßene Hajra (Hagar), wurde mit ihrem kleinen Kind in der Wüste ausgesetzt, bewaffnet nur mit einem starken Gebet. Sie stieg auf den Safa-Hügel, um nach Wasser Ausschau zu halten, dann rannte sie zu dem Marwa-Hügel, und so hin und her, der Verzweiflung mehr gehorchend als dem Verstand, bis sie schließlich, der Selbstaufgabe nahe, erkannte, daß der Kleine mit seinem Stock verspielt gegen die Erde geschlagen hatte und an ebendieser Stelle Wasser herausschoß.

Dort, wo Hagar einst ein steiniges, ausgetrocknetes Flußbett zu durchqueren hatte, sollte jeder Hadschi in Erinnerung an ihre Mühsal seinen Schritt beschleunigen – die dreißig Meter lange Teilstrecke wird durch zwei grüne Neonlichter angezeigt. Frauen müssen nicht laufen, aber eine Gruppe von Nigerianerinnen ignorierte solch unangebrachte Rücksicht auf ihr Geschlecht und flog jauchzend von einem Lichterrand zum anderen.

Vor einer Generation noch, erzählte Hamidbhai, sei das Saay nicht überdacht gewesen, und entlang des Weges erstreckten sich Geschäfte. Seine Eltern seien auf Sand gelaufen und hätten auf dem Weg Geschenke eingekauft. Überhaupt sei die Hadsch viel bequemer geworden, wie jene, die vor zehn oder zwanzig Jahren gepilgert seien, bestätigen könnten. Fast schon zu gemütlich. Denn etwas Mühsal dürfe schon sein, wenn einem alle Sünden erlassen werden. Wer Großes anstrebt, muß große Opfer erbringen, schrieb Ibn Jubayr im zwölften Jahrhundert.

Da es erlaubt ist, das Saay zu unterbrechen (für Stunden, sogar für mehrere Tage), machten wir nach drei Teilstrecken Rast, draußen neben einem Seiteneingang auf den Stufen einer Frisörzeile. Vor jedem Laden stand ein Barbier, eine Klinge zur dramatischen Betonung in der Hand, der lautstark um die Gunst der frischgekürten Ritualabsolventen buhlte. Das Abrasieren des Schopfes war die abschließende Verpflichtung, aber wie so oft auf einem Basar unterschieden sich die vielen kleinen Läden vordergründig durch nichts voneinander, so daß die Entscheidung, welchen Salon der Ortsfremde aufsucht, von der Bestimmtheit oder dem Charme der Barbiere abhing. Hamidbhai warnte vor diesen Pfuschern, die sich in ihrer Hast oft blutig verschnitten (eine Million Köpfe sind zu scheren), und empfahl statt dessen einen Frisör neben unserem Hotel, einen Landsmann natürlich, der den in vielen Einsätzen erworbenen Ruf besaß, kein Blut zu vergießen. Ich konnte auch eine leichtere Alternative wählen – das Abschneiden von nur einer Locke, wie es den Frauen aufgetragen ist –, aber solche Auswege beinhalten stets einen Verlust an Segen und Ansehen.

Unsere Umrah, die »Kleine Hadsch«, endete eine Stunde später mit einem kahlrasierten Schädel (der Frisör lobte mich, als ich die Klinge dem Rasierapparat vorzog), vielen Glückwünschen und Umarmungen sowie einem mitternächtlichen Mahl im Zimmer von Hamidbhai, der mir zuvor ein neues Paar Sandalen geschenkt hatte, weil er sich für mein unauffindbares Schuhwerk verantwortlich fühlte. Mit der Umrah hatten wir jene Rituale absolviert, die der Besucher in Mekka zu jeder Jahreszeit zu erfüllen hat; wir konnten den Ihram wieder ablegen. Nun waren wir bereit für den Hauptteil der Hadsch, jener festen Verabredung mit Gott und der Gemeinschaft der Gläubigen.

# *Vorbereitungen*

Meine Vorbereitung auf die Hadsch hatte in einem kleinen Raum nahe des Crawford Market begonnen, einem dichtbesiedelten, quirligen, überwiegend muslimischen Viertel Bombays. Es war Dezember, und die fliegenden Händler auf der Straße, die vom Markt zur Freitagsmoschee führt, boten Weihnachtsbäume an, aus China und aus Plastik. Am Eingang zu dem Gebäude, das ich gesucht hatte, stand ein Chaiwallah, ein Teeverkäufer, den ich in den nächsten zwölf Monaten gut kennenlernen sollte, wenn er schmale Teegläser und Blechtassen mit Wasser in einer Drahttrage in den ersten Stock hinauftrug und wartete, während wir in drei Schlucken und im Sitzen zuerst das Wasser und dann den Tee tranken. Er kochte den Tee samt Milch, Zucker und einer Gewürzmischung in einem großen Topf vor dem Hauseingang; er war dort zu jeder Tageszeit, ein grimmiger Mann, der einige Zeit brauchte, bis er mich zu grüßen begann. Die Treppe knarzte über ihr Alter, das Haus war wie oft in Bombay außerhalb der einzelnen Wohnungen und Büros eine Ruine. Eine Arztpraxis befand sich im ersten Stock, daneben war das Büro der Organisation Markazul Maarif. Ich klopfte, die Tür wurde mir geöffnet von einem jungen Mann, der wie alle jungen Männer, mit denen ich das kommende Jahr verbringen sollte, einfache weiße Kurta Pajama und einen ungebändigten Bart trug.

Er begrüßte mich freundlich und führte mich hinein. Das Büro war aufgeteilt in einen großen Gemeinschaftsraum mit sechs Computerplätzen entlang der linken Wand, einem breiten und übervollen Bücherregal an der Wand gegenüber sowie einer abgetrennten Stube am Ende des Raumes, klein, aber klimatisiert: das Büro des Geschäftsführers. Ich kam mit einer Empfehlung eines ebenso berühmten wie aufgrund seines freien Denkens beargwöhnten muslimischen Journalisten und Aktivisten, und mir wurde ein kühler, distanzierter Empfang bereitet. Ich erzählte von meinem Interesse am Islam, der junge Leiter stellte seine Organisation vor. Sie widmete sich der Sozialarbeit und betrieb Waisen- und Krankenhäuser im Nordosten des Landes. In Bombay bestand ihre Aufgabe vor allem in der bald abgeschlossenen Ausbildung von zehn jungen Ulema, Schriftgelehrten, die in allen religiösen Fragen sehr kundig waren, nun aber auch eine solide Kompetenz in Englisch und am Computer erwerben sollten. Sie hatten schon zwei Jahre intensiv studiert, sprachen fließend Englisch und beherrschten Textverarbeitung ebenso wie den Umgang mit dem Internet. Die Organisation hoffte, daß diese jungen Männer eines Tages in der Lage sein würden, gut verständliche Artikel auf englisch zu schreiben, um der fehlenden oder falschen Information über den Islam in der indischen Öffentlichkeit zu begegnen.

Jetzt müssen wir sie eine Stufe höher bringen, sagte der Geschäftsführer.

Es brauchte nur dieses einen Gesprächs, da hatten wir eine Vereinbarung getroffen: Ich würde den zehn jungen Männern richtiges Schreiben beibringen und im Gegenzug ein profunderes Verständnis des Islam gewinnen. Es war ein gutes Geschäft, ganz im Sinne des Propheten (saw): praktisch, sinnvoll und ehrenwert.

Du mußt verstehen, sagte der Geschäftsführer Burhan, wir haben kein anderes Interesse an dir, als daß du uns behilflich sein kannst. Wir werden eine Übereinkunft schließen. Alles Weitere hängt davon ab, daß beide Seiten sie einhalten.

Dann forderte er meinen Paß und meine Aufenthaltserlaubnis ein, um sie zu fotokopieren.

Als islamische Organisation, erklärte er, müssen wir uns absichern. Wir stehen unter Beobachtung des indischen Geheimdiensts, der uns jederzeit Fragen stellen kann. Wir müssen sichergehen, daß wir diese zufriedenstellend beantworten können. Heutzutage haben die Leute viel Mißtrauen und Angst, wir müssen vorsichtig sein.

So kamen wir zusammen, die zehn jungen Männer, die allesamt den Namen Qasmi führten, und ich, der ich einige Monate »Sir« oder »Respected Teacher« geheißen wurde, bis wir uns so nahestanden, daß ich sie überzeugen konnte, mich gelegentlich auch Ilias* zu nennen. Dreimal die Woche trafen wir uns. Einer von ihnen, als Mufti auch in Rechtsangelegenheiten eine Autorität, wurde mein persönlicher Lehrer (auch wenn alle anderen jederzeit als seine Assistenten bereitstanden). Nach einer Stunde tauschten wir die Rollen, und ich unterrichtete sie, in einem engen Klassenzimmer mit tiefer Decke, das ihnen auch als Bibliothek und Aufenthaltsraum diente.

* Die muslimische Variante der vielen Schreibweisen des Propheten Elija.

## *Die Kaaba*

Manche Bauten überwältigen das Auge, einige, wenige, überwältigen den Verstand. Die Haram al-Sharif, die Große Moschee zu Mekka, ist mit ihren unzähligen Eingängen und Säulen, Rundungen und Fluchten, Ecken und Nischen, mit ihren insgesamt hundertunddreißigtausend Quadratmetern nicht nur unfaßbar groß, die sich wandelnden Sichten, die sich dem Pilger bei jedem Besuch eröffneten, künden von der Unermeßlichkeit Gottes. Die reine Architektur läßt sich schwer beurteilen, so sehr verschmilzt der asymmetrische Bau mit dem Pilgervolk. Die Choreographie der Rituale überflutet das Grau und Weiß und Grün, verdeckt die neun Minarette und die sieben Kuppeln. Wenn Architektur mit Leben gefüllte Substanz ist, dann gehört die Haram zu den schönsten Bauwerken der Menschheit.

Die Gänge, die Bögen, die Kuppeln, die Galerien, sie sind imposant, aber ohne die Kaaba, eindrucksvoll ob ihrer Einfachheit, wären sie wirkungslos. Die goldene Stickerei auf dem schwarzen Stoff erscheint einem fast ein Zuviel an Ornament, eine Ablenkung von der reinen, kubisch gefaßten Idee. Das Symbol wird fortwährend bestätigt durch die Pilger, die zu jeder Tages- und Nachtzeit wie Planeten diese Sonne umkreisen (oder wie Elektronen den Atomkern) und mit jedem ihrer Schritte das rechteckige Objekt menschlich aufladen. Aus dieser Wechselwirkung entsteht erst das Bayt Allah, das Haus Gottes, und die Umma, die Gemeinschaft der Gläubigen. Es ist wie mit dem heiligen Text: Er benötigt die Hingabe, die Moralität des Lesers, um lebendig zu werden. Die Offenbarung ist in ein menschliches Gefäß gegossen, die Sprache, und somit abhängig von der Kraft und der Wirkung, die ein jeder aus ihr schöpfen und ihr verleihen kann.

Als einzige Moschee auf der Welt ist die Haram al-Sharif wegen der vorgeschriebenen Ausrichtung zur Kaaba rund. Immer wieder erweitert und einige Male in ihrer Geschichte nach Zerstörungen völlig neu errichtet, wurde sie in den sechziger Jahren des letzten Jahrhunderts für mehr als hundert Millionen Dollar erweitert. Sie steht aber auf einem Gelände, das seit Jahrtausenden bebaut ist.

Denn so neu die Bausubstanz des modernen Mekka ist, so alt ist der Ort selbst, der seine Existenz dem Zam-Zam-Brunnen verdankt, einer Lebensader in der unerbittlichen Wüste. Die Kaaba wurde auf Gottes Befehl hin errichtet von Ibrahim, so wird im Koran berichtet. Der sakrale Bau, den wohl von Beginn an ein heiliges Territorium umfaßte, entwickelte sich zu einem wichtigen Ziel vorislamischer Pilgerschaft. In der Kaaba wurde eine Vielzahl von Idolen, Projektionen unterschiedlicher Kulte, aufbewahrt, darunter auch eines, das Al-Llah genannt wurde. Dieser Pantheon war von pragmatischer Großzügigkeit geprägt: Unter den Heiligenfiguren befanden sich auch Venus und die Jungfrau Maria, Zeugnisse eines lebhaften religiösen Zusammenflusses. Eine Handelsmetropole bildete sich um dieses Pilgerziel herum – schon zu Lebzeiten des Propheten (saw) wies sie eine rege Urbanität auf. Die Bräuche und die Verhaltensregeln waren noch nomadisch geprägt, das Leben aber schon städtisch, die Gebäude aus festem Lehm. Mekka war reich, aber der Reichtum war sehr ungleichmäßig verteilt; Mekka war tolerant gegenüber Göttern, aber ungnädig gegenüber Frauen und Waisenkindern, die keine Rechte besaßen.

Vielleicht verlief der Übergang von nomadischer zu urbaner Kultur ähnlich überhastet wie der Übergang von Beduinenzelten zu Betonpalästen, den die Saudi-Araber vor einer Generation durcheilten. Die Folge war heute wie damals eine zerrissene, ungerechte, gewalttätige Gesellschaft, und die Offenbarung Gottes an seinen Gesandten (saw) mit ihren revolutionären Konzepten muß in dieser Krise die Wirkung einer Explosion gehabt haben. Der Klan der Quraish, Monopolisten der Einnahmequelle Kaaba, befürchtete, die neue Religion würde ihn seiner Privilegien berauben. Doch nach seinem Sieg über Mekka ließ der Prophet (saw), stets ein kompromißbereiter Führer, die Pilgerschaft zur Kaaba fortbestehen; er fügte sie samt einiger ihrer althergebrachten Elemente wie dem siebenmaligen Umrunden und dem Laufen zwischen den Hügeln Safa und Marwah, in die Pilgerreise der neuen Zeit – die Hadsch – ein.

Am zweiten Tag ging ich die Treppen hinab zur Zam-Zam-Quelle; es war sehr schwül und sehr voll. Auf der linken, unteren Seite befand sich hinter einer Glaswand eine hochmoderne Pumpstation. Einige Pilger standen davor, doch sie zeigten kein Interesse für die Kolben, sie beteten eifrig, wie ich erst erkannte, als ich mich neben sie stellte. Es war von einer unfreiwilligen Komik, denn das gesegnete Zam-Zam-Wasser war nicht zu sehen, nur eine technische Installation aus Röhren, Hähnen, Behältern und Ventilatoren. Gebildete Muslims betonen immer wieder, weder das Zam-Zam-Wasser noch der Schwarze Stein dürften angebetet werden – das wäre Shirk, Vielgötterei, Animismus –, doch in den heftigen Gebeten zu meiner Linken zeigte sich der Drang, den eigenen Aberglauben zu befriedigen, Ausdruck der Unfähigkeit, die reine Lehre zu leben, den objektbefreiten Monotheismus.

## *Begleiter*

Die Männer, mit denen ich das Zimmer teilte, waren wohlhabende, in der Mehrzahl selbständige Geschäftsleute: zwei Teilhaber einer Firma, die Damenkleidung exportierte, ein Freund von ihnen, der Spielsachen importierte, und ein Bekannter, der einen Kurierservice betrieb. Sie waren alle jung, um Ernsthaftigkeit bemüht, aber von den Angeboten der Hadsch nicht immer ausgefüllt. Ihre Gespräche, wenn sie nicht die komplexen rituellen Anforderungen betrafen, waren profan: Krikket, Autos, Witze. Zwei von ihnen verbrachten Stunden in den Labyrinthen eines Geschicklichkeitsspiels auf ihrem Nokia. Wie die meisten Pilger waren sie von der Aufgabe, mehrere Wochen lang wie Geistliche zu leben, überfordert. Die Ratgeber verlangten von ihnen, den Tag mit Gebet und Koran-Rezitation zu verbringen, und warnten sie vor überflüssigen oder gar bösen Worten. Aber eine Unruhe erfaßte die Pilger, und sie glitten ins Schwätzen ab – es war ein zu großer Sprung vom gehetzten modernen Städter zum weltabgewandten Fakir.

Meine Zimmernachbarn äußerten die übliche Wertschätzung von Ilm, dem rechten Glauben, begnügten sich aber mit Schmalspurkenntnissen über den Islam, mit Legenden und Parabeln. Sie wähnten sich in ihrer Ignoranz sicher, weil sie sich an die Gesetze hielten. Sie waren unter den Pilgern keine Ausnahme. Während der gesamten Hadsch habe ich keinen Pilger ein religiöses Buch lesen sehen. Vorträge hingegen – informativ und anregend – sind gerade für organisierte Gruppen fester Bestandteil ihres Programms. Und der heilige Koran, den viele in der Moschee vor oder nach dem gemeinschaftlichen Gebet auf einem Miniaturpult aufschlagen, wird weniger gelesen als rezitiert, ein gesegneter Akt an sich, bei dem der Gläubige in einem der sieben etablierten Vortragsstile und forschem Tempo halblaut daraus vorliest. Massenhaft konsumiert werden hingegen die Broschüren mit den notwendigen Gebeten, die besonders geschätzt werden wegen der enthaltenen Übersetzungen, doch Gebete bergen wenig Wissen.

Abu Sufiyun, dessen Zigaretten ich rauchte, wenn mich die Sucht überkam, war der Kommissar, der mich immer korrigierte. Wenn er mich betrachtete, hatte ich den Eindruck, daß er mit einem Zollstock abschätzte, ob ich den religiösen Traummaßen entsprach. Jeder meiner Mängel, meiner Fehler gab Anlaß zu einer Stegreifpredigt. Er war ein gesetzestreuer Mann, dem noch nie eingefallen war, daß Gesetze Ausdruck einer Sinngebung sein könnten.

Gesetze sind Gesetze, sagte er. Da gibt es nichts zu mögen oder zu verstehen.

Seine Strenge sollte vielleicht seine frühere Lebensweise kompensieren. Bis vor einigen Jahren war er ein Bonvivant gewesen, der sich mit seinen Freunden exzessiv vergnügt hatte. Er kannte die Schickimicki-Szene Bombays und zeigte dieses Wissen mit Stolz vor, als würde es – Ausdruck früherer Verfehlung – zur Folie reichen, vor der sich seine Wandlung besonders eindrücklich abhob. Nun zeichnete er sich durch einen Vollbart und alle anderen äußerlichen Merkmale eines Strenggläubigen aus. Und der Hornhautklumpen auf dem Spann seines linken Fußes bezeugte das beharrliche Gebet – bei der korrekten Sitzhaltung, die viele Gläubige aus Bequemlichkeit nicht einnehmen, verlagert man sein Gewicht auf das linke, das untergelegte Bein, denn die Zehen des rechten Fußes sind aufgestellt und leicht umgeknickt. Die äußeren Merkmale, verkündete er, als ich deren Notwendigkeit anzweifelte, würden den Glauben stärken. Die jungen Wilden, die eifrigen Handybenutzer Nadiim, Salman und Sohrab, hörten auf ihn, schienen sich aber noch auf dem Spielfeld der Kompromisse aufzuhalten.

Am anderen Ende des Zimmers schlief ein älterer Herr mit dem gesegneten Nachnamen Ghalib auf einem der Betten und neben ihm auf dem Boden sein Sohn, beschäftigt in Dubai als Einkaufsleiter einer Fabrik. Mr. Ghalib, ein pensionierter Ingenieur von Air India, war ein hochrangiger Gewerkschaftsfunktionär gewesen, der zu Kongressen nach Los Angeles und Frankfurt gereist war, und der sich eine gewisse Haltung – eine Mischung aus Skepsis und Eigensinn – bewahrt hatte, die ihn von den anderen unterschied. Sein Sohn, den ich nach einigen herzlichen Gesprächen wie alle seine Freunde Amir nennen durfte, hatte Business Management studiert, der andere Sohn war wie der Vater Ingenieur. Sie formten eine unter muslimischen Indern überdurchschnittlich gebildete Familie, durch die ein Riß ging, der bezeichnend war für die Konflikte derer, die versuchten, Glauben und Bildung zu vereinbaren.

Sein Vater habe die Hadsch seit dem Tod seiner Ehefrau immer wieder hinausgezögert, sagte mir Amir eines Tages, und es klang so, als spreche er von einem unvernünftigen Kind. Er habe den Vater gedrängt, immer wieder gedrängt, bis er schließlich seinem Bruder aufgetragen habe, die Hadsch zu organisieren, alles zu bezahlen und den Vater vor vollendete Tatsachen zu stellen. Er selbst sei aus Dubai zuerst nach Bombay gereist, um sicherzustellen, daß der Vater auch tatsächlich das Flugzeug besteigen würde. Es herrschte ein angespanntes Verhältnis zwischen ihm und seiner Familie. Mit einem seiner Brüder hatte er jahrelang nicht gesprochen. Die Spannungen hatten zwei Gründe: Als Amir das erste Mal ins Ausland gegangen sei, habe er viel Geld verdient, erzählte er, »viel zu viel Geld«; das habe die Familie belastet. Den zweiten Grund sprach er nie aus, aber er stand offenkundig in Zusammenhang mit dem religiösen Wandel Amirs, dem die Gebete und Gebote nicht immer heilig waren, der im College ein Rabauke gewesen sein mußte, vor dem sich die Dozenten so sehr fürchteten, daß sie auf die andere Seite des Korridors auswichen, wenn er ihnen entgegenkam. Der ein Kettenraucher gewesen war und vielleicht auch Alkohol getrunken hatte (aus angedeuteten Beichten wird man nicht immer schlau), bis er eines Tages eine Wandlung erlebte.

## *Von Disziplin und Form*

Von den fünf Pflichten eines Muslims wird die Hadsch meist zuletzt aufgezählt; an erster Stelle steht das Glaubensbekenntnis, dann folgt das Gebet fünfmal am Tag. So klar und einfach das Glaubensbekenntnis ist – *Laa ilaaha illallaahu Muhammadur rasuulullahi*, Es gibt keinen Gott außer dem Einen und Mohammed ist sein Botschafter –, so schwierig, fast unergründlich schwierig ist das Gebet.

Nachdem ich anhand eines Textes über Al-Andalus überprüft hatte, wie gut das Englisch meiner neuen Schüler in Bombay war (beeindruckend gut, und ihr Enthusiasmus war groß), überprüften sie, zwischen Büchеrregal und Pult, meine Kenntnisse über das Gebet und befanden sie als so mangelhaft, daß sie ein Lachen herauspreßten, um die peinliche Situation zu überspielen. Von Anfang an waren sie vorbildlich höflich und zuvorkommend. Der Lehrer durfte nicht in Verlegenheit gebracht werden, auch wenn sie selbstverschuldet war.

Schon mein Wazu, die rituelle Waschung vor jedem Gebet, war kümmerlich. Zwar war ich zum Schluß an Händen und Füßen ausreichend sauber, aber nicht das Resultat ist vorrangig, sondern die Art, wie es erzielt wird. Wir saßen in der Freitagsmoschee am Rand des Beckens, in dem ellenlange rote Fische schwammen; wir tauchten unsere Hände ins Wasser, ließen das selbst an heißesten Tagen kühle Wasser hindurchgleiten; wir säuberten unsere Finger aufmerksam, bedächtig; wir nahmen einen Schluck Wasser, spülten den Mund aus; wir zogen Wasser in die Nase hinein und schneuzten uns mit der linken Hand; dann schöpften wir Wasser und führten es zum Gesicht. Dreimal wird das Gesicht gewaschen und danach dreimal die Arme, vom Ellenbogen bis zum Handgelenk, und etwas auszulassen bedeutet, die Gültigkeit des Gebets zu gefährden. (In dem Waschraum eines Einkaufszentrums in Mekka vergaß ich – gehetzt und abgelenkt – meinen rechten Ellenbogen zu waschen, woraufhin mich jemand von hinten anstieß und mich auf meinen Fehler hinwies.) Auf die Arme folgt der Kopf. Drei zusammengedrückte Finger gleiten über das Haar bis zum Nacken, dann streichen die Handballen an den Seiten des Kopfes zur Stirn zurück. Schließlich werden die Ohren gewaschen. Das Wazu endet mit dem ausgiebigen Schrubben der Füße, der schmutzigsten Körperteile im Land von Hitze und Sandalen.

Gewiß ist Hygiene ein wichtiges Motiv für Wazu, aber die zwingend vorgeschriebene Waschung hat auch einen spirituellen Grund. Mit jeder meiner Reinigungen begriff ich klarer, wie mit dem Wazu auch der Alltag abgewaschen wird, wie man durch die aufwendigen Abläufe zur Ruhe kommt, wie die Nässe erfrischt und belebt und man schließlich in einem gesammelten und beglückten Zustand zum Gebet schreitet.

Im Vergleich zum Gebet selbst nimmt sich das Wazu wiederum einfach aus. Es gibt Bücher, die sich nur dem Salah widmen, und sie führen unzählige Möglichkeiten auf, Fehler zu begehen. Die Körperhaltung ist wichtig, die Bewegungen sind wichtig, die Geschwindigkeit, in der sie ausgeführt werden, ist wichtig, und natürlich ist die innere Einstellung wichtig. In den ersten Wochen wurde ich gerügt, weil ich meine Hände nicht richtig über den Knien gehalten (die Finger auseinander gestreckt) und auch nicht richtig auf den Boden gelegt hatte (Finger zusammengedrückt und nach vorne zeigend), weil ich meine Ärmel nach dem Waschen nicht hinuntergerollt und meine Arme beim Knien nicht vom Oberkörper weggedreht hatte, weil ich beim Stehen den Kopf nicht gesenkt und beim Sitzen nach oben geblickt hatte. Meinen Lehrern entging kaum etwas, und nach dem Gebet mußte ich oft im Innenhof nachsitzen. Besonders aufmerksam und streng war Shihabuddin, mein persönlicher Lehrer. Er war der Ansicht, daß man zuerst die Gesetze des Islam richtig lernen sollte, bevor man ihren Sinn hinterfragte, und da ich eher zur umgekehrten Herangehensweise neigte, mußte er einige Male streng mit mir sein und war ich einige Male enttäuscht von ihm. Er war überzeugt, daß Disziplin im Glauben ebenso wichtig ist wie Liebe.

Eines Nachmittags bei Asr – wir waren verspätet zum Gebet gekommen – wiederholte ich in meiner Ratlosigkeit alles, was Shihabuddin in der Reihe vor mir tat, und erfuhr im Nachhinein durch seine erstaunte Nachfrage, daß ich einen Fehler begangen hatte. Ich entschuldigte mich, ich sei nur seinem Vorbild gefolgt. Ich müsse ihn nicht in seinen Fehlern nachahmen, sagte er mit einem kleinen Lächeln und erklärte mir den komplizierten Grund für sein Versäumnis und meine Verwirrung.

Hast du noch andere Fragen über dein Gebet? fragte er mich dann.

Nein, alles klar, antwortete ich.

Beim Gebet ist nie alles klar, sagte mein Lehrer.

## *Mehr Gebete*

Immer seltener wurde ich vom Azaan überrascht. Meine innere Gebetsuhr war gestellt. Während ich überlegte, wo ich mich niederlassen sollte, löste sich Gewusel in Geometrie auf. Auf der abschüssigen Allee vor der Großen Moschee versiegte der Menschenstrom. Teppiche und Matten wurden ausgebreitet, Positionen eingenommen, bis sich Reihen formten, schnurgerade wie Setzlinge in einem Gewächshaus. Ein jeder achtete auf den gleichmäßigen Abstand zu denen vor ihm und seinen Nachbarn. Lücken wurden rasch geschlossen, der eigene Gebetsteppich mit jedem geteilt, der sich dazustellte. Als sich einmal vor mir ein Mann zwischen zwei Pilger quetschte, die schon eng aneinander gedrückt standen, wies einer von ihnen den Eindringling auf die Lücke hin, die sich in der Reihe vor ihnen auftat. Der Eindringling deutete auf den nackten Asphalt dort, wiederholt und widerspenstig. Woraufhin der Eigentümer des Gebetsteppichs schließlich selbst in diese Lücke trat und auf dem Straßenbelag betete, der Eindringling hingegen dessen saubere und weiche Unterlage nutzte.

Die Vorbereitung zum Gebet ist ein beeindruckendes Beispiel von Selbstorganisation, das Gebet selbst ein Akt von erheblicher sozialer Symbolik. Ein jeder verneigt sich vor Gott unmittelbar hinter den Sohlen seiner Mitmenschen, egal wer der Höhergeborene oder der Bessergestellte ist. Die Gleichheit aller Menschen wird im gemeinsamen Gebet angemahnt. Wenn aber ein Prinzip so zentral ist im Ritual, wenn es so kompromißlos inszeniert wird, wie kann es dann außerhalb des Gebets völlig mißachtet werden? Soziale Mißstände sind immer und überall eine Schande, in islamischen Ländern verletzen sie aber die heilige Ordnung, verhöhnen das Gebet und sind somit neben dem weltlichen Versagen auch Ausdruck religiöser Verfehlung.

Wenn alle aufgereiht sind, die Füße in einer geraden Linie, weicht die aufgeregte Polyphonie einem stillen Intermezzo, in dem die Welt innehält und sich sammelt, bevor sie von dem Solo des Imam auf eine andere Umlaufbahn gestoßen wird. Das Gebet, eine Struktur aus geraden und ungeraden Zahlen – *Und bei den Geraden und bei den Ungeraden* (89:3), bei den Lebewesen also, und bei Gott –, vervollständigt die angelegte Symmetrie. In keiner anderen Religion ist dem Gebet ein so fester Rahmen vorgegeben, für den einzelnen wie für die Gemeinschaft.

Auf der Hadsch beten alle zusammen. Die Haram al-Sharif ist die einzige Moschee der Welt, in der keine räumliche Trennung der Geschlechter stattfindet. Im

Gedränge sind alle gleich, auch Frauen und Männer. Ansonsten beten sie getrennt, in verschiedenen Räumen, und wenn sich, im eigenen Haus etwa, ein Anlaß für ein gemeinsames Gebet bietet, stehen die Frauen in der Regel hinter den Männern, um vor ihren Blicken geschützt zu sein.

# *Wandlungen*

Bis zum Beginn der eigentlichen Hadsch, dem Auszug in die Wüste, der Zeit der Läuterung, Opferung und Steinigung, waren es noch einige Tage; Tage zur freien Verwendung, an denen ich, wie viele andere, täglich ein Tawaf absolvierte, so viele Stunden wie möglich in der Haram al-Sharif verbrachte und gelegentlich eine saudiarabische Zeitung auf englisch las. Darin wurde überwiegend aus der islamischen Welt berichtet. Neben mir saßen mal iranische Frauen, mal ein algerischer Vorarbeiter, mal ein in Frankreich studierender Senegalese, mal ein indonesischer Ortsverband. Schon in der Früh füllte sich die Moschee, etwas später war jeder Quadratmeter besetzt, von Gruppen meist, die ein Areal okkupierten und den ganzen Tag dort verbrachten, die Gebete voneinander getrennt durch einige Schlucke Zam-Zam-Wasser. Der Raum wirkte wahrlich wie eine Zuflucht, eine Zuflucht vor der Hast der Welt, vor der eigenen Umtriebigkeit. Die Stille war ein Wunder, ein ruhiges Meer ohne Gezeiten. An einem guten Tag erzeugte ein einziger saudi-arabischer Busfahrer mehr Lärm, als von dem zarten Murmeln und den barfüßigen Schritten in der elliptischen Zuflucht ausging.

Die Meditation der anderen Pilger wirkte ansteckend. Ich spürte das Bedürfnis, mich zu versenken, nur wußte ich nicht worin. Ich konnte den Koran nicht auf arabisch rezitieren; ich las eine Sure oder einige Ayaat in der Übersetzung und begann dann über Inhalt und Sinn nachzudenken, bis ich feststellte, daß ich von der Ruhe wieder weggetrieben wurde. Ich versuchte zu beten, aber die Gebete gingen mir aus, nachdem ich alle meine Versprechen gehalten und alle meine Nächsten bedacht hatte. Für den Frieden der Welt zu beten, hat mir noch nie eingeleuchtet, und für mich selbst – nun, es war lehrreich zu erfahren, daß es nicht so viel gab, wonach ich mich sehnte. Also betete ich mit den Augen, blickte von der ovalen, nicht überdachten Terrasse der Haram al-Sharif auf die Kaaba hinab: Die Menschheit rotierte in einem gleichmäßigen Tempo, als stünde sie auf der Töpferscheibe Gottes. Stundenlang betrachtete ich dieses Perpetuum mobile der Hingabe; der Tag wechselte seine Farben, ich versenkte mich in den Anblick bis in die Dämmerung hinein.

In der Wüste – und man spürt die Wüste in Mekka trotz der allgegenwärtigen Klimaanlagen – sind die Farben am Tage wie weggewischt, und die Formen zerfließen. In der kurzen Phase des Übergangs zur Nacht aber versöhnt die Wiederkehr der Schattierungen mit der Kargheit des Tages. Es ist, als wäre ein Farbfächer auseinandergefallen, und das Auge staunt ob der vielen

Weißtöne, die es auf einmal in den Ihrams entdeckt. Wenn die Moschee erstrahlt und der Himmel sich einschwärzt, wenn ein schmaler Mond über einer Minarettspitze balanciert, beginnt der neue Kalendertag mit einem Zauber. Ein Raubvogel schwebt zwischen Neumond und wachsendem Mond, abseits der Kaaba (Vögel können sie nicht überfliegen, und den Flugzeugen ist es nicht erlaubt). Wenn eine Taube sich dem Haus Gottes nähert, schrieb im Mittelalter Ibn Jubayr, einer der ersten Berichterstatter von der Hadsch, dreht sie nach rechts oder links ab.

Auf der Terrasse umrunden jene die Kaaba, die unten keinen Platz gefunden haben, oder jene, die Abwechslung suchen. Für ein wenig Freiraum nehmen sie die um ein Vielfaches größere Entfernung auf sich. Wir schreiten zwischen den Minaretten hindurch, unbedrängt, gelegentlich von einem federleichten Wind gestreichelt. Mein Blick schleift über den Boden, und ich wiederhole *Allahu Akhbar* ohne Unterlaß – auf dem hellen Marmor hinterlassen Füße keine Spuren, jeder Schritt ist ein flüchtiger Schritt, einzig der Name Gottes bleibt, unverändert, unveränderlich. Andere Füße treten ins Blickfeld und wieder heraus, genauso flüchtige, vergängliche Schritte, die ihren Sinn nur im Bezug zur Kaaba finden, Hinweis auf das, was über Vergessen und Vergeblichkeit hinausreicht. Wie die Gebetskette, die immer wieder aufs neue durch die Finger gleitet, ohne ein Ende zu nehmen.

## *Okzident im Orient*

Die Große Moschee ist umzingelt von Palästen, Hotels und Wohnblöcken, schmucklose Gebäude zumeist, die den westlichen Stil auch in Mekka festzementiert haben und sowohl in ihrer Ästhetik als auch in ihrer Funktionalität den alten saudischen Häusern unterlegen sind. Einst waren die typischen hohen Häuser so angelegt, daß sie im oberen Stockwerk die Brise einfingen, daß die offenen, ausgebuchteten Jalousienfenster das Sonnenlicht aussiebten und der Luft erlaubten, durch die Räume zu zirkulieren. Doch die Klimaanlage hat dieser Tradition ein Ende gesetzt. In Dubai ist das einzige altmodische Lüftungs- und Kühlungssystem im Museum zu bewundern, wo es als Beispiel einheimischer Erfindungsgabe gefeiert wird. Einige der Gebäude – an vorderster Stelle das Hilton Hotel gegenüber dem Abdul-Aziz-Tor – zeigen mit den Anleihen, die sie bei längst niedergerissenen Stadthäusern nehmen, eine gewisse architektonische Kreativität. Schmale Balkons mit hölzernen Gitterfenstern ragen aus der Fassade heraus, einst konstruiert, um den weiblichen Bewohnern kühlen Ausblick zu gewähren bei einem Höchstmaß an Diskretion. Zwei Gebäudeflügel gewinnen stufenweise an Höhe, verbunden durch ein mehrstöckiges Einkaufszentrum, in das sich die wohlhabenderen Pilger zurückziehen, um sich an dem weltumspannenden Geschmack von Burger King, Dunkin' Donuts und Pizza Hut zu laben.

Konzipiert wie eine amerikanische Shopping Mall, offeriert dieses Zentrum alles, was ein Pilger braucht (Essen, Trinken, CDs mit dem gesamten Koran), sowie vieles mehr, wonach es ihn gelüstet, wenn er sich seines Lebens außerhalb der Pilgerschaft besinnt. An einem der Seiteneingänge bieten einige vollautomatisierte Massagestühle fünfminütige Entspannung von den Anstrengungen des Betens. Von vermeintlicher Anti-Moderne spürt man in den stets übervollen Hallen wenig. McDonalds, Kentucky Fried Chicken und Wimpys haben sich in Mekka ebenso fest etabliert wie Gucci und Cardin, Longines und Swatch. Die Tragetasche meiner Gebetsmatte heißt New Yorker. Ihr Emblem: eine Silhouette von Wolkenkratzern. In jedem der Geschäfte ist jedes Produkt importiert – die Streichhölzer, die Fruchtsäfte und sogar die Gebetsteppiche aus Belgien. Die Auslagen, die Theken und die Kassen sind angeordnet wie in Paris oder Mailand, und die unwirsche Bedienung hätte in einer der Boutiquen der Münchner Maximilians- oder der Friedrichstraße in Berlin geschult sein können.

Es sind die vielen Pilger, die den Basargeist in die sterile Shopping Mall einbringen. Sie verwandeln die aufwendig dekorierten, vollklimatisierten Hallen in Picknickstätten, legen in den Gängen ihre Tücher aus und verspeisen ihre Pizza, ihr Hühnchen oder ihr Falafel auf dem Boden vor den kreditkartenlegitimierten Glasfassaden. Die Boutiquen hinter ihren Rücken bieten die feinsten Stoffe und die schicksten Schuhe an; die Hadschis setzten sich ab mit der Bescheidenheit ihres Ihram und der Einfachheit ihrer Sandalen, bestärken das Angebot aber zugleich mit ihrer (neu)gierigen Anwesenheit. Der Ihram verbirgt die Zeichen, anhand derer man die Betuchten von den Schaulustigen unterscheiden kann – ein für manche Pilger unglücklicher Umstand, gegen den sie sich mit schweren Golduhren zur Wehr setzen.

Selbst senggläubige Muslims würden doch nach westlichen Gütern gieren, behaupten manche, die den Haß auf das »Abendland« als Heuchelei oder Schizophrenie entlarven wollen. Gewiß, beim Konsum sind alle Vorurteile und Antagonismen außer Kraft gesetzt (wo Coca-Cola einen schlechten Namen hat, springt Pepsi ein), Askese wird nur zu bestimmten Anlässen praktiziert, doch obwohl die Überlegenheit des Westens im Materiellen allseits anerkannt wird, folgt daraus keineswegs eine Akzeptanz seines Lebensstils und seiner säkularen Grundwerte.

## *Amir*

Amir liebte Eiskrem, vor allem die Fruchtmischungen von Mövenpick, aber er verdächtigte sich selbst der Maßlosigkeit und lehnte meine Einladungen daher meistens ab. Manchmal aber gab er nach; wir gönnten uns zwei große Kugeln, nahmen auf den Treppen zwischen den zwei Flügeln des Hilton Hotels Platz und genossen unsere Waffeltüte. Unter uns saßen auf jeder Stufe Pilger, eine dünne Wasserfontäne schoß neben uns in die Höhe, und der Blick auf die größte aller Moscheen wurde von einigen Palmen eingerahmt. Wir leckten das Eis, und Amir begann, stets unvermittelt, in seiner etwas untergetauchten Stimme, zu erzählen:

Als Allah ta'ala die Menschen schuf, gaben die Engel zu Bedenken.

Wieso hast du denn die geschaffen, riefen sie aus. Die werden doch nur Unfug anstellen und die Erde zerstören.

Ich weiß, worüber ihr keine Ahnung habt, sagte Allah

ta'ala. Seht euch mal das Paradies genau an und sagt mir, wer würde nicht eintreten wollen?

Die Engel nickten stumm.

Ja, sagten sie nach einer Weile, gewiß wird jeder eintreten wollen.

Aber dann führte Allah ta'ala Mushaqqat ein – die harte Arbeit, all die Erwartungen, denen ein Mensch gerecht werden, all die Aufgaben, die er erfüllen muß –, und dann fragte Allah ta'ala die Engel ein weiteres Mal, ob jeder Mensch ins Paradies streben würde.

Ja, schon, sagten die Engel gedämpft und schwiegen eine Weile, bevor sie ausriefen: Aber kaum einer wird es schaffen!

Immer wenn Amir solche Parabeln zum besten gab, leuchteten seine Augen, und er lächelte verklärt. Er empfand eine intensive Freude über ihre schöne Weisheit. Er war ruhig, ausgeglichen. Er verstand nicht, daß sich sein Vater aufregte, wenn jemand auf seinen Gebetsteppich trat. Ihm sei das nicht aufgefallen, er merke solche Sachen nicht. Sie seien ihm nicht mehr wichtig. Er habe so viel gebetet in letzter Zeit, selbst sein Chef, ein vornehmer, toleranter Mann, ein Kashmiri Pandit (eine Brahmanenkaste, die traditionell dem Sufismus gegenüber sehr aufgeschlossen war), habe ihn beim Abschied ersucht, auf der Hadsch für ihn zu beten.

Amir vertraute mir die Gründe für seinen religiösen Wandel nicht an, aber er muß stark gewesen sein, um seine Prioritäten so sehr zu verändern, daß er der Tabliqh Jamaat beitrat und für vier Monate in die Wüste

Gujarats zog. Wie alle Aktivisten dieser Graswurzelorganisation mußte er sich für diese Zeit von allen weltlichen Verpflichtungen befreien und ausreichend Geld ansparen, um sich selbst unterhalten zu können. Er kündigte seinen Job und gab seine Wohnung auf. Er schlief in einem Dorf in Kutch in einfachen Räumen neben der Moschee, in der er sich die restliche Zeit aufhielt. Von der Umgebung hat er wenig gesehen. Während seines ganzen Aufenthalts hat er nur zweimal gepredigt. Als er zum ersten Mal das Wort ergriff vor dieser Gemeinde einfacher Fischer, Handwerker und Hilfsarbeiter, hat es ihm die Sprache verschlagen.

Ich bin nicht hier, sagte er schließlich, um euch etwas beizubringen. Ich bin nicht hier, um euch zu lehren. Ich bin gekommen, um von euch zu lernen.

Die Tabliqh Jamaat – gegründet 1926 in der Altstadt von Delhi von einem eher unscheinbaren und scheuen, aber willensstarken Mann namens Maulana Ilias – ist die wohl größte Massenbewegung der Gegenwart, ein erstaunlicher, unorganisierter Aufbruch von Millionen, die ihren Glauben zu stärken suchen, indem sie in eine ihnen unbekannte Gegend, oft sogar in ein unbekanntes Land reisen. Dort haben sie keine andere Aufgabe, als zu beten und sich mit den Einheimischen auszutauschen. Die Zentrale befindet sich immer noch im Basti Nizamuddin in Delhi, heute ein höhlenartiger Bau von mehreren Stockwerken, in dem eine Atmosphäre der Flüchtigkeit vorherrscht. Kleinere und größere Gruppen von Männern mit geschulterten Bündeln ziehen ein oder aus, lassen sich irgendwo nieder und verbringen einige Stunden oder Tage hier, bevor sie weiterziehen. Ehrwürdige Maulanas geben Vorträge, ansonsten sind keine organisierten Strukturen sichtbar. Die Tabliqh Jamaat ist so erfolgreich, weil sie das Prinzip der Hadsch aufgegriffen und in einem anderen Zusammenhang angewandt hat. Sie fordert Muslims zu einer Aus-Zeit auf, die zwar länger währt und anders definiert ist, die aber ähnliche Folgen zeitigt: die Verdichtung des Glaubens.

Eines Nachts, fuhr Amir fort, habe er einen Dschinn gesehen, einen Geist. In seiner Nähe sei eine Plastiktüte gewesen, die vom Zugwind herumgewirbelt wurde. Er wollte sie entfernen, weil sie sein Gebet störte. Als er sie anfaßte, verspürte er einen mächtigen Schlag und taumelte nach hinten. Am nächsten Tag litt er unter hohem Fieber. Er war tagelang krank, bis ein alter Mufti ihm eine Strophe von heilender Kraft aus dem heiligen Koran empfahl.

Du glaubst gar nicht, sagte Amir, wieviel ich gebetet habe. Während dieser Zeit kamen mir oft die Tränen, weil ich über meine Verantwortung nachdenken mußte, über das Versäumte – wieso habe ich nicht die richtige Frau getroffen –, über die Fehler, die ich begangen, die vielen Minuspunkte, die ich angesammelt hatte. Islam ist ein einfacher Glaube, und er ist auch meist einfach, aber er kann einem als sehr schwer erscheinen, wenn man zu sehr daran denkt, was man alles falsch machen kann, welche Sünden man begehen kann. Gott ist streng, da gibt es kein Vertun. Immer wieder steht im Koran:

Wenn ihr dies nicht tut, wenn ihr jenes nicht befolgt, dann werde ich euch bestrafen.

Der Azaan hatte uns noch nicht gerufen, aber Amir drängte, daß wir frühzeitig zum Maghrib-Gebet aufbrachen, denn die Zeit unmittelbar vor Maghrib sei hervorragend geeignet für persönliche Gebete. Dann wechselten die Engel gerade ihre Schicht, und es sei gut, wenn sie Gott sogleich von unseren Gebeten berichten könnten. Also standen wir auf, warfen unsere Servietten in den Mülleimer und stiegen über die anderen Konsumenten hinweg die Treppe hinab. Der Geschmack von Erdbeeren verweilte noch in meinem Mund, als ich bei den Engeln von meiner Maßlosigkeit klagte.

# *Ramadan*

Gelegentlich sollte der Mensch sich in Bescheidenheit und Demut üben, einmal im Jahr wenigstens. Er sollte sich der Segnungen bewußt werden, die er im Leben genießt, den Mangel verspüren, den andere leiden, und sein Herz öffnen, indem er seinen Magen zuschnürt.

Etwa ein halbes Jahr nach dem Beginn meiner Vorbereitung für die Hadsch klingelte spät am Abend mein Telefon, und Burhan erklärte mit gravitätischer Stimme, der Neumond sei gesichtet worden, ich könne mit dem Fasten beginnen. Ich ging in die Küche und bereitete mein Frühstück vor, um am nächsten Morgen keine Zeit zu verlieren. Ich stellte den Wecker auf 4.30 Uhr und schlief schlecht – mein Unterbewußtsein befürchtete, ich würde nicht rechtzeitig aufwachen. Vor der Zeit schaltete ich den Wecker wieder aus und kroch aus dem Bett. Es war die ruhigste Stunde in Bombay – der Moloch holte Luft, sammelte sich. Der Indische Ozean war eine schwarze Leere hinter dem ausgedünnten Lichtermeer. Ich versuchte, soviel zu essen, wie ich nur konnte – um diese Uhrzeit ein schwieriges Unterfangen. Obwohl ich mir den langen Tag ohne jegliche Mahlzeit vor Augen führte, schwächelte mein Appetit.

Nach Fadschr stellte ich mich ans Fenster und betrachtete zum ersten Mal seit vielen Jahren, wie sich der Sonnenaufgang ankündigte, wie sich die Leere des Ozeans in ausgelaufene Tinte verwandelte, wie das Firmament von den Rändern her sein einheitliches Schwarz aufgab. Irgendwann war jener flüchtige erste Augenblick der Dämmerung erreicht, an dem man einen schwarzen von einem weißen Faden unterscheiden konnte. Von nun an durfte man nichts mehr hinunterschlucken, nicht einmal die eigene Spucke.

Bis zum Sonnenuntergang kein Essen und keinen Sex – das würde ich auf mich nehmen. Aber ich hatte wegen einer stark beschädigten Niere Bedenken, den ganzen Tag nichts zu trinken, und fragte deswegen Burhan, ob ich nicht mittags ein Glas Wasser zu mir nehmen könnte.

Im Islam, sagte Burhan, sollst du zu nichts gezwungen werden, was deiner Gesundheit schaden könnte. Wenn ein islamischer Arzt bestätigt, daß du während des Tages etwas Wasser zu dir nehmen mußt, dann kann man dir daraus keinen Vorwurf machen. Nur mußt du Fidya zahlen, weil du das Fasten nicht richtig einhältst.

Die Kompensation bestand darin, einen jungen obdachlosen Mann für die Dauer des Ramadan zu ernähren.

Während des Fastens war unser Unterricht ausgesetzt, die Ulema widmeten sich dem Gebet und der Koran-Rezitation. Sie hatten das Privileg, nicht arbeiten zu müssen. Berufstätige Muslims nehmen Urlaub, oder sie arbeiten mit halber Kraft. Für jene, die körperlich hart schuften müssen, ist Ramadan eine Qual.

Am späten Nachmittag trafen wir uns in der Moschee. Im Innenhof waren Matten ausgelegt. Jeder legte das Essen, das er mitgebracht hatte, in die Mitte und nahm irgendwo Platz. Wir saßen nebeneinander in langen Reihen und warteten still auf Iftar, das Brechen des Fastens unmittelbar nach Sonnenuntergang. Vor uns lag eine Komposition unterschiedlicher Früchte und Nüsse sowie ein Linsenbrei namens Kitschri. Die Papaya war prall orange, die Wassermelone stark rot – die Farben schienen wie gerade erfunden, und der Geruch, der von der Matte aufstieg, versprach einen betörend frischen Neuanfang am Ende eines langen und heißen Tages. Wir saßen still, die Augen gesenkt, in Gedanken oder in gar keinen Gedanken versunken.

Am ersten Tag war das Fasten leicht, die Spannung ob der neuen Erfahrung überwand den Hunger. Aber an den folgenden Tagen wurde ich im Laufe des Nachmittags zunehmend müder, konnte mich nicht konzentrieren, war gereizt, lustlos. Es gab Schübe, da war ich außerordentlich klar im Kopf, und Zeiten, da war der Erschlaffung nur mit Schlaf beizukommen.

Der Muezzin rief, und wir griffen nach einer Dattel, einem Glas Wasser. Es ist Pflicht, das Fasten sofort zu brechen, ein scheinbar überflüssiges Gebot, aber in diesem Moment drängte ein Teil von mir, das Essen noch ein wenig hinauszuzögern, die beglückende Erwartung auf den ersten saftigen Bissen zu verlängern, und gewiß gibt es Menschen, die sich in eine schädliche Ekstase des Fastens hineinsteigern. Wir nahmen Papaya- oder Melonenstücke von der Matte, und wenn sie zu groß waren, brachen wir sie entzwei und teilten sie mit unserem Nachbarn. Die Stille setzte sich beim Essen fort. Die versammelten Männer waren überwiegend arm. Wer selber nichts zu essen hatte, setzte sich an eine der Matten und aß wie selbstverständlich mit. Abgesehen von der Hadsch habe ich nichts erlebt, was das Gefühl von Gemeinschaft mehr stärkt.

Etwa zehn Minuten lang wurde konzentriert gegessen, dann brachen alle in einer gewissen Hast auf, weil die Zeit des Maghrib-Gebets angebrochen war, drängten sich an den Waschstellen und eilten tropfend in die Moschee. Ich empfand es immer als schwierig, den erlösenden Geruch der Papaya aus meinem Kopf zu verbannen – ich widmete das Gebet dem Wunder der kleinen Schöpfungen.

Zu Ramadan wird das Nachtgebet erheblich in die Länge gezogen, denn innerhalb der vier Wochen muß der gesamte Koran rezitiert werden (Tarawih). Und da der heilige Text nicht abgelesen werden darf, waren am Abend die Hafiz unter meinen Ulema-Brüdern sehr beschäftigt. Sie hatten meist schon in sehr jungen Jahren den gesamten Koran auswendig gelernt, und einige von ihnen, vor allem Sajjid und Khalid, rezitierten mit geübter, kunstvoller Stimme. Sie wurden eingeladen, in den wohlhabenderen Häusern der Stadt das Tarawih zu verrichten – für die Frauen, die es meist bevorzugen, zu

Hause zu beten, zumal manche der Moscheen keinen gesonderten Raum für Frauen aufwiesen. Für all jene, die wie ich des Arabischen nicht mächtig sind, ist Tarawih entweder eine meditative Übung oder aber eine manchmal mühsame Angelegenheit, eine abendliche Stunde der starren Pflichterfüllung, die besser damit zugebracht wäre, selbst den Koran zu lesen und darüber nachzudenken.

Mit vollem Magen ging ich allabendlich ins Bett, und was ich befürchtet hatte, geschah zu Beginn der zweiten Woche: Ich verschlief, und der Tag, der ausgeruht begann, endete mit Hungerkrämpfen.

Die letzten Tage des Fastenmonats kann man, nach einer Tradition, die Iiteqaaf genannt wird, zur Gänze in der Moschee verbringen. Einige der Ulema waren für zehn Tage umgezogen; sie hatten einen Vorhang in einer Ecke der Moschee gespannt, der ihre Taschen verbarg und ihren Schlafbereich absteckte. Sie freuten sich sehr, daß ich für die letzten zwei Tage hinzukam. Iiteqaaf war eine hervorragende Vorbereitung auf die Hadsch, denn in dieser Zeit erlebte ich zum ersten Mal eine Umkehrung, bei der nicht der Alltag durch das Gebet unterbrochen wurde, sondern das Gebet durch einige alltägliche Bedürfnisse. Und ich erfuhr die Schlaflosigkeit der gesteigerten Hingabe.

In der ersten Nacht wurde ich durch einen Singsang geweckt. Suleiman saß im Innenhof der Moschee und rezitierte mit einer Stimme, die lauter war, als ich es von den anderen gewohnt war. Ich setzte mich zu ihm.

Einer muß immer rezitieren, erklärte er mir zwischen zwei Suren. Etwas später raschelte es um die Ecke, und Suleiman warf mir einen beunruhigten Blick zu.

Hörst du das? Das sind Dschinns, aber sie trauen sich nicht heran, solange wir den heiligen Koran sprechen. Und er fuhr mit der Rezitation fort.

Es dauerte nur einen Tag, da empfand ich schon einen Abstand zu jenen, die nur kurz für das Gebet hereinschneiten (so schien es mir), um danach wieder nach draußen zu verschwinden, in einem Tempo, das mir wie Hetze erschien. Wir hingegen füllten die erste Reihe hinter dem Imam aus, wir beteten vielleicht nicht intensiver, gewiß aber ausführlicher. Wir ließen uns nach dem gemeinsamen Gebet Zeit, blieben lange sitzen, sprachen stumm alles an, was sich als Sorge oder Unsicherheit angesammelt hatte. Es war leicht zu glauben, daß wir Gott näher standen.

Den Ramadan zu erleben – ein Kampf, der täglich mit einer Belohnung endet – hat etwas Heroisches an sich. Es bestätigt die eigene islamische Identität (das erklärt, wieso viel mehr Muslims sich an das Fasten als an die fünf Gebete halten), es durchbricht den Alltag, den Kreislauf des ewig Gleichen, und es endet in Id al-Fitr, dem großen Fest, mit Geschenken und einem Mahl, das für alle Entbehrungen entschädigt.

In unserem Klassenzimmer waren alle Mitglieder von Markazul Maarif versammelt, am Lehrertisch saß Badrudin Qasmi, der Direktor der Organisation, die den Rahmen bot für meine Lehr- und Lernzeit mit den Ulema. Badrubhai, wie er von allen genannt wurde, war eine barocke Gestalt, ein Gargantua des Glaubens. Er lebte eine selbstverständliche Hingabe, die jeden Zweifel in einer gewaltigen Umarmung erdrückte. Zusammen mit seinem Bruder, der neben ihm saß, leitete er ein Wirtschaftsimperium namens Ajmal, das sich international einen Namen mit hochwertigen, alkoholfreien und sehr kostspieligen Parfüms erworben hatte.

Die Ulema defilierten an ihm vorbei, und er fütterte sie mit einem Stück Fladenbrot, getunkt in Hackfleischsauce. Nachdem jeder einen symbolischen Bissen erhalten hatte, nahmen wir gemeinsam ein Mahl ein, und Badrubhai redete unentwegt, unter anderem über die Hadsch, die zu begehen er in diesem Jahr ein weiteres Mal die Gelegenheit haben würde, dank Allah und seinem Bruder, der auf die Geschäfte aufpassen würde.

Und dann drehte Badrubhai sich zu mir und fragte: Warst du schon auf Hadsch?

Ich verneinte, worauf er ohne Zögern und Zweifeln erklärte: Dann kommst du dieses Jahr mit uns!

# *Pilger*

Immer wenn ich einen schmerzhaften Schlag im Rücken verspürte, wußte ich, daß ich Nigeria im Nacken hatte.

Take it easy, man, bat ich den Riesen aus Kano, dessen Oberkörper von dem knapp zwei Meter langen Ihram-Tuch kaum bedeckt wurde.

Many many people, maulte er unzufrieden.

If you go slow, there will be no »go slow«, sagte ich in Anspielung auf die nigerianische Bezeichnung für Verkehrsstau, worauf der Riese bellend lachte, bevor er mir einen weiteren Stoß versetzte, der mich gegen eine arabische Frau drückte, die aus den Untiefen ihres Burkhas »Schwey, schwey« rief, ein weiterer Ausdruck für das Gebot der Stunde: mit Bedacht. Ich fühlte mich an den Taxifahrer in Nigeria erinnert, der aufs Gas gedrückt hatte, als ich ihn anflehte, nicht mit hundertvierzig Stundenkilometern auf dem Highway von Kaduna nach Onitsha zu rasen.

Es war verblüffend, das unterschiedliche Verhalten der Pilger in Mekka zu beobachten. So groß waren die

Unterschiede, man hätte in manchen Momenten meinen können, die Menschen hätten nichts miteinander gemeinsam, außer den zwei weißen Tüchern, in die sie gehüllt waren. Schon die Art, diese zu tragen, hob sie voneinander ab. Den Schwarzafrikanern gelang es, selbst im Ihram lässig auszusehen, dank ihrer Athletik, ihrer Art zu gehen und der Tatsache, daß sie das obere Tuch manchmal mit einem Schal verwechselten und um ihren Hals schlangen, was ihnen etwas Dandyhaftes verlieh. Die Afghanen gewannen dadurch, daß sie ihr einschüchterndes Gewand abgelegt hatten, und man nun ihre regelmäßigen Gesichtszüge und hellen Augen bewundern konnte. Kaum zogen sie sich in ihre traditionelle Kleidung zurück, stolzierten sie wieder herum, standen aufrecht und breitbeinig da, durch ihren Turban um zwei Köpfe gewachsen, und küßten und umarmten sich in elaborierten Ritualen – Ausdruck einer Verbindung, die von jenseits des Islam stammte. Ganz gegensätzlich zu den Afghanen waren die Indonesier, das größte muslimische Volk auf Erden, und vielleicht das sympathischste, ihrem öffentlichen Verhalten auf der Hadsch nach zu urteilen. Ob aus Java oder Sumatra, die Indonesier waren stets zurückhaltend, sanft, umsichtig; sie redeten leise, und selbst ihre Körpergröße trug zu ihrem guten Benehmen bei: Sie versperrten einem nie die Sicht. Sie verhielten sich vorbildlich, so wie es der Prophet (saw) gewünscht hatte.

Die Hadsch wird überwiegend von wohlhabenderen Muslims unternommen, weswegen man in Mekka einen übergewichtigen Eindruck vom Islam erhält (die

Anatolier etwa stehen offensichtlich unter dem breiten Einfluß von Kadaif und Kebab). Auch das Durchschnittsalter ist alles andere als repräsentativ. Im Normalfall muß man seinen wichtigsten weltlichen Verpflichtungen schon nachgekommen sein, bevor man zur Hadsch aufbricht. Zudem wird gemunkelt, junge Männer würden oft kein Visum erhalten, weil die saudiarabischen Behörden befürchteten, sie würden Schwarzarbeit suchen.

Die eindrücklichste unter den vielen flüchtigen Begegnungen auf der Hadsch war jene beim ersten Freitagsgebet. Zu meiner Rechten saß ein älterer Mann mit schwerem Schnurrbart; auf seiner Pilgertasche stand IRAQ geschrieben. Nichts an ihm ließ vermuten, daß ihm das Leben irgendwelche Privilegien gewährt hatte. Sein Gesicht war abgenutzt, seine Hände und Füße rauh, gezeichnet. Er trug eine einfache Hose, der Stoff seines Hemdes war für die Hitze viel zu dick. Wir begrüßten uns und überließen einander dem Gebet. Er verschlang jedes Wort der beiden zähflüssigen Predigten, die sich über Lautsprecher über uns ergossen wie Honig. Nachdem wir *Assalaamu alaikum wa Rahmatullahi wa Barakaatuhu* über beide Schultern gemurmelt hatten, merkte ich, daß er weinte. Wir umarmten uns, wie in vielen Ländern nach dem Freitagsgebet üblich, wir sahen uns an, und ich versuchte zu lächeln. Er wandte sich ab, meine rechte Schulter war naß, und der Friedensgruß war keine Verheißung (einige Wochen später fielen die ersten Bomben auf sein Land).

## *Mekka – einst und heute*

Mekka ist eine geschichtsträchtige Stadt ohne antike Bauten. Die Geschichte wird nicht nur von der vorherrschenden Lehre mißachtet, sie wird sogar als gefährlich angesehen. In einer offiziell verordneten Amnesie sollen die Gläubigen auf nichts hören, was in den vierzehn Jahrhunderten seit dem Propheten (saw) und den Sahabah erörtert, entwickelt und entschieden wurde, sondern dem Koran und den Ahadith allein vertrauen und als Pilger nur die Kaaba aufsuchen – die ein quasi außerhistorisches Artefakt ist. Der Drang, Orte aus der Leidens- und Offenbarungsgeschichte des Propheten (saw) zu sehen, wird als schädlicher Tourismus betrachtet. Die Saudi-Araber haben den vermeintlichen Geburtsort des Propheten (saw) zerstört, die Grabstätten zur Anonymität verdammt. Sogar König Abdul Aziz Al-Saud, Begründer des Königreiches, liegt in einem nicht ausgezeichneten Grab. Der einst vielbesuchte Friedhof in Medina ist heute ein Plattensee; hinter einer hohen Steingittermauer erstreckt sich eine riesige, trostlose Fläche, wie ein Paradeplatz für alle Dschinns dieser Welt.

Ebenso ist Mekka ein kulturelles Zentrum, aus dem die Kultur vertrieben worden ist. Theater und Musik sind natürlich verpönt, aber es fehlen auch die Kaffeehäuser – selbst im Hilton wurde nur Nescafé serviert – und die öffentlichen Bäder. Auch Süßspeisen sind von der Kulturverachtung betroffen – ich habe die scheußlichste Baklava meines Lebens in Mekka gegessen. In den Buchhandlungen fehlen die großen arabischen Denker der Vergangenheit wie der Gegenwart, wohl weil Denken ein suspekter Akt an sich ist. Die Araber des Hijaz, die einst die großartigen Mo'allaqaat-Dichter hervorgebracht haben, begnügen sich heute mit Volksausgaben des heiligen Koran. Anläßlich der Hadsch, die ich erlebte, ließ König Fahd, Hüter der zwei heiligen Moscheen, 1 770 186 Bücher in 19 Sprachen kostenlos verteilen (ich erhielt mein Exemplar unmittelbar vor dem Abflug in Dschidda). Ungewöhnlich an dieser englischen Übersetzung sind die Erklärungen, die in den Text eingefügt worden sind, eine eigentlich blasphemische Anmaßung, die dem eigenen Verständnis des Korans eine von Gott autorisierte Verbindlichkeit zuspricht. Dabei weicht die saudi-arabische Interpretation oft von der klassischen erheblich ab. Gemäß allen anderen mir bekannten Übersetzungen werden etwa die Frauen aufgefordert, *ihre Reize nicht zur Schau zu tragen, es sei denn was außen ist, und ihren Schleier über ihren Busen zu schlagen* (24:31). In der saudi-arabischen Version hingegen wird der erste Halbsatz spezifiziert *(d. h. beide Augen, um den Weg zu erkennen, oder die äußeren Handflächen ...)* und danach das bewußt nicht übersetzte Wort *Dschuyubihinna* in Klammern folgendermaßen erklärt: *ihren Körper, ihr Gesicht, ihr Hals und ihren Busen.* So wird das Tragen der Burkha zum göttlichen Gebot erklärt, und das im Rahmen einer Theologie, die freie Interpretation verbietet!

Das Verhältnis der meisten Pilger zu den Gastgebern der Hadsch ist entsprechend zwiespältig, kritische Meinungen werden aber nur vorsichtig geäußert: Die Saudi-Araber haben zuviel auf einmal bekommen.

*Und wenn Allah seine Diener im Überfluß versorgte, so würden sie übermütig werden auf Erden*, zitierte ein verärgerter Jordanier, der einige Stunden mit mir zusammen in einer Behörde ausharren mußte, den heiligen Koran.

Pilger aus Istanbul, Damaskus und Kairo betrachten die Saudi-Araber als Parvenüs, als Neureiche, denen es an Zivilisation fehlt. Und die Saudis geben sich alle Mühe, diesem Urteil mit ihrem groben, unhöflichen und lauten Verhalten gerecht zu werden. Die Einwohner Mekkas werden seit jeher die Nachbarn Gottes genannt, zugleich verantworten sie im Zentrum des Glaubens ein Maß an menschlicher Schwäche, an Gier und Arroganz, das jeden idealistischen Pilger provozieren muß.

Schon Ibn Jubayr schrieb: Von allen islamischen Ländern verdient kein anderes es mehr, durch das Schwert von all dem Schmutz und dem vergossenen Blut gereinigt zu werden ... in diesem Land, dessen Menschen die

Mehr als zwei Millionen Muslime pilgern jedes Jahr zur Hadsch nach Mekka, dem zentralen Wallfahrtsort des Islam.

Die Koran-Suren aus Gold und Silber werden Jahr für Jahr neu gestickt (o.). Pilger auf dem Weg nach Mina (u.).

In langen Reihen verneigen sich die Menschen vor Gott, ungeachtet ihrer Herkunft (o.). Persönliches Gebet an der Kaaba (u.).

Die Kaaba ist von einem schwarzen Brokatstoff mit prächtigen Gold- und Silberverzierungen umhüllt.

An der Ostseite der Kaaba befindet sich der Schwarze Stein, der von manchen Pilgern geküsst oder mit der Hand berührt wird.

Beim *tawaf* wird die Kaaba siebenmal entgegen dem Uhrzeigersinn umrundet. Die ersten drei Male im Laufschritt.

Die Pilgerinnen und Pilger legen ihre jeweilige traditionelle Kleidung ab und schlüpfen in einfache weiße Gewänder.

Beim *salah*, dem Gebet, sind Körperhaltung, Bewegungen und Geschwindigkeit genau vorgeschrieben.

Steinigung des Teufels: Mit je sieben kleinen Steinen wird die Dschamarat al-Aqaba-Säule in Mina beworfen.

Nach der symbolischen Steinigung des Teufels rasieren sich die Männer das Haupthaar, die Frauen schneiden sich eine Haarsträhne ab.

Aufgrund des enormen Menschenandrangs stellt die Pilgerfahrt wachsende Anforderungen an die Organisatoren.

Nirgendwo treffen so viele Menschen auf so engem Raum zusammen. Während der gesamten Pilgerfahrt gilt es, Massenpaniken zu verhindern.

Am neunten Tag des Monats Zuul Hijjah brechen die Pilger auf zum Berg Arafah. Mit dem Ende dieses Tages gilt die Hadsch als erfüllt.

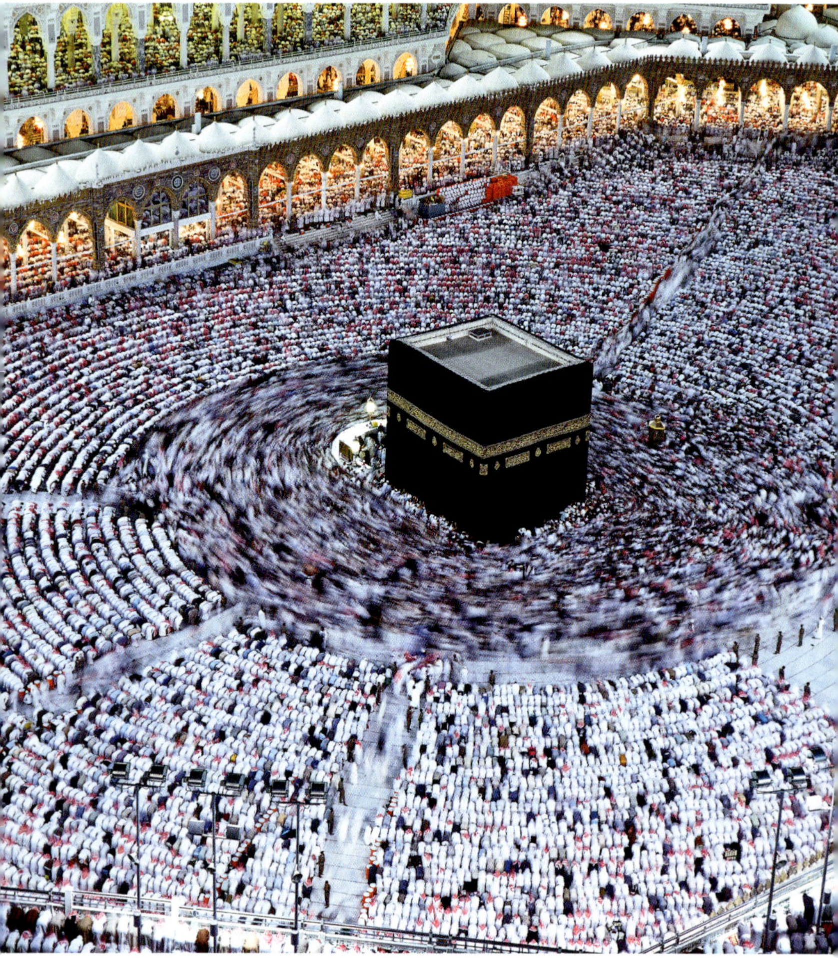

Höhepunkt aller Sehnsüchte: Einmal im Leben sollte jeder Muslim, der sich dies leisten kann, nach Mekka pilgern.

Ehre des Islams nicht teilen und die sich die Güter der Pilger aneignen und ihr Blut aussaugen. Wenn es heute in Al-Andalus Rechtsgelehrte gibt, die behaupten, es gebe keine Pflicht mehr zur Hadsch, dann ist diese ihre Meinung gerechtfertigt durch die Art, wie schlecht die Pilger behandeln werden, ganz im Gegensatz zu Gottes Willen.

Wie alle anderen Hadsch-Autoren, fand auch Johann Ludwig Burckhardt Grund zur Beschwerde: An dem Festtage lud er (der Gastgeber) mich zu einem glänzenden Mittagsmahl, in Gesellschaft eines halben Dutzend seiner Freunde, in meinem Zimmer ein und am folgenden Morgen brachte er mir die Rechnung für die Ausgaben des ganzen Gastmahls.

Und in der Khutbah, die ich vor meiner Hadsch in Bombay und nach meiner Hadsch in Kapstadt gehört habe, wurden die Gläubigen aufgefordert, sich dagegen zu wehren, daß sie auf der Hadsch von den Muallim und anderen betrogen werden.

Mißstände haben in Mekka eine lange Tradition. Die Stadt war schon immer ein Zentrum des Sklavenhandels – der entsprechende Markt war ein Katzensprung von der Kaaba entfernt. Als der osmanische Gouverneur des Hijaz einen Befehl an den Regionalgouverneur von Mekka schickte, in dem er den Sklavenhandel verbot, formulierte Sheikh Jamal, damals der führende Alim der Stadt, folgende Fatwa: Die Türken sind mit Vorschlägen wie diesem zu Ungläubigen geworden.

Schon zu vorislamischer Zeit herrschte ein ausgeklügeltes System von Entführungen, das im Laufe der Zeit nicht abgeschafft, sondern verfeinert wurde. Jahrhundertelang fürchteten die Hadschis nichts mehr als die Raubüberfälle der Beduinen zwischen Dschidda und Mekka, zwischen Mekka und Medina. Die großen Karawanen zahlten Schutzgelder an die jeweiligen Anführer (ein beachtlicher offizieller Posten im osmanischen Budget), aber trotzdem spricht jeder Bericht von nächtlichen Attacken, von erdolchten oder verschwundenen Pilgern. Niemand wird behaupten, die Araber des Hijaz wären sich zu irgendeinem Zeitpunkt ihrer Geschichte der materiellen Vorzüge ihrer Lage als Hüter und Nachbarn des Heiligen nicht bewußt gewesen.

Auch heute trägt das öffentliche Leben die Maske der Heuchelei, ein besonders problematisches Übel, denn der Prophet (saw) verspürte eine tiefe Abneigung gegen Heuchelei (sie findet häufige Erwähnung im Katalog der Sünden). Die herrschende Ideologie des Wahhabismus – eine puritanische Lehre, benannt nach dem Erweckungsprediger Mohammed ibn Abd al-Wahhab (1703–1792) – bedient sich nach Belieben aus dem Angebot der Tradition. Auslegung und Einhaltung der Gesetze werden nach Opportunität verhandelt. Schon bei der ersten Einnahme von Medina durch die Wahhabiten vor zweihundert Jahren wurden die Schätze der Großen Moschee geraubt, angeblich, um sie an die Armen zu verteilen, doch der Anführer Saud verkaufte einen Teil an den Sharif von Mekka und behielt den größeren Teil selbst. Obwohl die Gebote des Propheten (saw) unveränderte Gültigkeit haben sollen, werden bestimmte Ahadith als Grundgesetze postuliert, andere schlichtweg übersehen. So bestimmt etwa ein Hadith, man solle sein Haus nicht viel größer als das seines Nachbarn bauen, auf daß sich dieser nicht erniedrigt fühle, doch der gewaltige Königspalast in Mekka stellt nicht nur seine Nachbarn, sondern das Haus Gottes selbst in den Schatten.

Ein anderes Hadith mahnt: Bezahle die Leute, die für dich gearbeitet haben, bevor ihnen der Schweiß auf der Stirn getrocknet ist. Doch saudi-arabische Arbeitgeber bleiben ausländischen Bediensteten, die zu Hunderttausenden aus den ärmeren Regionen des Islam sowie aus einigen nicht-islamischen Ländern wie den Philippinen eingeflogen werden, regelmäßig das Gehalt schuldig. Es werden auch bedenklich viele Vorwürfe der Mißhandlung laut. Im philippinischen Konsulat harren Kindermädchen aus, in einem Fall seit achtzehn Monaten, denen man Lohn für ein halbes Jahr oder mehr schuldet und die das Land nicht verlassen können aus Angst, ihren Anspruch zu verlieren. Und die Prasserei der saudi-arabischen Oberschicht verstößt gegen ein weiteres, sehr bekanntes Hadith: Allah verachtet dich, weil du seinen Reichtum verschwendest.

Der Wahhabismus, im Westen ohne Erklärungswert als »fundamentalistisch« bezeichnet, verwirklicht das holistische Programm des Islams nicht einmal in seinen Grundzügen. Weder die absolutistische Monarchie noch die totalitäre Unterdrückung von freier Meinungsäußerung finden im Koran eine Rechtfertigung. Die fürstliche Elite läßt streng über die Gesetze wachen, doch wenn es dem eigenen Interesse dient, schließt sie beide Augen. Die angebliche Rückkehr zum ursprünglichen Islam entpuppt sich bei genauerer Betrachtung als eine Instrumentalisierung der Religion zum Zwecke des Machterhalts und der Manipulation der Massen.

Aber weil sie die heiligen Stätten sauber und zugänglich halten, weil sie die Infrastruktur laufend verbessern, weil sie die Hadsch gefahrloser und gerechter gemacht haben, schlägt den Gastgebern auch viel Wertschätzung entgegen. Mit der Machtübernahme von König Saud im Jahre 1925 trat zum ersten Mal in der Geschichte Rechtssicherheit ein, die Erpressung von Schutzgeldern wurde abgeschafft, die Macht der Pilgerführer ebenso eingeschränkt wie das Monopol des Sharifs auf das Zam-Zam-Wasser, das die Pilger zuvor teuer zu stehen bekam, heute hingegen kostenlos verteilt wird. Die Saudi-Araber nehmen ihre Aufgabe als Hüter der heiligen Moscheen und Stätten sehr ernst, und sie scheuen keine Investition, um die Hadsch sicherer und bequemer zu gestalten. Dankbarkeit wird daher ebenso häufig geäußert wie Kritik.

## *Der achte Tag des Monats Zuul Hijjah – Der Tag des Aufbruchs*

Der Busfahrer überreichte das Bordmikrophon einem älteren Herrn in der ersten Reihe, und dieser stimmte den Pilgerruf an, den wir mit müden Stimmen aufnahmen.

*Ich stehe vor Dir, Allah, ich stehe vor Dir.*

Es war zwei Uhr in der Früh, und der Verkehr floß zäh. Wir hatten lange gewartet.

Haltet euch nach dem Abendessen bereit, war uns gesagt worden. Wir nahmen ein Bad, rasierten uns glatt unter den Achseln und um das Geschlecht herum. Wir legten erneut den Ihram an, ein zweites, ein sauberes Paar Tücher, um während der Hadsch nicht waschen zu müssen. Wir ruhten uns aus.

*Ich stehe vor Dir, es gibt neben Dir keinen,*
*ich stehe vor Dir.*

Wir lasen zum wiederholten Mal die Aufgaben, die uns bevorstanden. Die Abfahrt nach Mina wird erst nach Mitternacht erfolgen, wurde uns mitgeteilt. Wir rauchten und dösten eine Weile.

*Gewiß sind Lob und Segen Dein,*
*und alle Herrschaft.*

Schreie drangen durchs Treppenhaus. Wir hasteten nach unten, wir wurden gedrängt, rasch in die Busse zu steigen. Wir warteten im Bus weiter. Die Nacht war auf Standlicht geschaltet.

*Es gibt neben Dir keinen!*

Als uns jegliche Erwartung ausgegangen war, fuhren wir ab. Unser *Labbayk* nahm Fahrt auf, während wir Trabantenstädte durchquerten, vor kurzem fertiggestellte Wohnklons eines weltweit einheitlichen Typus: hohe, monotone Blocks mit Ladenzeilen im Erdgeschoß. Die Bauten wirkten wie aufgepfropfte Fremdkörper in einer zerklüfteten Wüste, die nur Nischen zur Besiedlung freigab. Die Stadtplaner, die sich solche Begrenzungen selten gefallen lassen, hegen die Absicht, die Täler zu erweitern und die Berge zu verrücken. Wir fuhren durch einen Tunnel, durch einen weiteren Vorort, Tunnel, Vorort, bis wir in einem so hellbeleuchteten Tal eintrafen, das man die Nacht übersah.

Mina, zu beiden Seiten von steilen Granithügeln eingeengt, bestand aus endlosen Reihen gleichförmiger

Zelte, die in dieser Nacht mit Leben gefüllt wurden. Für einige Tage im Jahr hausen in Mina zwei Millionen Pilger, ansonsten ist dieses Dorf so gut wie unbewohnt. Die Zelte waren mit Klimaanlage und Teppich ausgestattet, einfach, aber durchaus bequem – früher schliefen die Pilger auf Sand oder im Schlamm. Ich war vorerst allein in dem mir zugewiesenen Zelt. Nach dem Morgengebet legte ich mich schlafen.

Am späteren Vormittag wurde der Reißverschluß aufgerissen, und eine Stimme wirbelte durch das Zelt, bevor eine untersetzte, kräftige Figur eintrat: Badrubhai samt großem Anhang. Als er mich erblickte, eilte er auf mich zu, umarmte und beglückwünschte mich zur Umrah, vermerkte voller Stolz, mein Gesicht würde glühen, es sei voller Nuur (Licht – er sprach wichtige Worte stets auf arabisch). Allerdings, und darin war er sich mit einem alten Freund, der neben ihm stand, sogleich einig, müsse ich mir jetzt einen Bart wachsen lassen. Ich protestierte, mein Bart wachse an den Wangen nicht dicht genug und sei entsprechend unansehnlich; er wiegelte ab mit dem Hadith über einen Mann, der nur ein einziges Barthaar gehabt habe, das er wachsen ließ. Eines Tages begegnete er einem weisen alten Mann auf der Straße, der laut lachen mußte, als er seiner ansichtig wurde. Der Mann fühlte sich ausgelacht, also schnitt er das Barthaar ab.

Als er den Weisen nach einiger Zeit wieder traf, rief dieser traurig aus: Was hast du nur mit deinem Bart gemacht?

Du hast mich doch ausgelacht, sagte der Mann.

Was für ein Mißverständnis, klagte der Weise, ich habe vor Glück gelacht, weil ich mir vorgestellt habe, wie die Engel auf deinem Barthaar turnen.

Badrubhai lachte selber, lauter als der Weise in seiner Erzählung, gleichzeitig hieß er mich hinsetzen, verteilte seinen Anhang im Zelt, rief seiner Familie etwas zu (die Frauen und Kinder waren durch eine Querwand von uns getrennt) und ließ ein Chicken Curry auftragen. In seinem Verhalten, ausladend und herzlich, war er großzügig und herrisch zugleich. Er sparte nicht an Worten und nicht an Gesten. Es war beruhigend, daß er sich regelmäßig Gott unterwarf.

Das erste Mal war ich 1977 hier, sagte er beim Essen.

Ob sich etwas verändert hat?

Alles hat sich verändert. Ich kann sagen, die Hadsch hat sich hundertfach verändert. Damals war noch das alte Mekka, die alten, brüchigen Häuser, es gab kein fließendes Wasser, und die Pilgerreise war wirklich schwer, eine Prüfung, nicht wie heute, *Alhamdulillah*, heute ist sie sehr einfach. Es war eine andere Hadsch damals. Auch in Mina, alles ist besser geworden, *Alhamdulillah*. Heute ist es viel sicherer. Vor einigen Jahren gab es einen großen Brand, hier im indischen Gebiet, das Feuer wütete stundenlang, Hunderte von Toten, man sagte, eine Zeltplane habe Feuer gefangen, und die Zelte brannten damals wie Stroh. Es war schlimm, danach haben die Saudis alles neu aufgebaut, alles neu organisiert, *Mashallah*, was sie alles für uns gemacht haben, wieviel bequemer ist es geworden! Ich kann sagen, fast zu bequem.

Das Tal war überzogen mit breiten Autobahnen, Brücken, Überführungen und Fußgängerwegen. Abgesehen von der gewaltigen Kaif-Moschee, der modernen Schlachterei und einigen Wohnkomplexen, die sich auf einem der Hügel erhoben, war jeder freie Meter von Zelten besetzt – uniformen weißen Zelten. Alle Hadschis waren gleich untergebracht, zumindest alle, denen ein Zeltplatz zugewiesen war. Badrubhai, der Millionär, schlief auf einer Decke neben mir, er aß, was wir alle aßen (indische Curries, gekocht in gewaltigen Töpfen) – äußerlich verbrachte er die Hadsch wie jeder andere auch.

Das Grau des Asphalts entsprach dem Grau der Berge. Allein die Nationalfahnen am Eingang der Zeltareale wehten etwas Farbe hinein. Wenn die einheitliche Kleidung und Unterkunft Ausdruck der Gleichheit aller Gläubigen war, der Einigkeit innerhalb der Umma, so symbolisierten die Flaggen das Konzept der Nation, ein Widerspruch zur traditionellen Idee des Kalifats, in dem Muslime verschiedener Herkunft und Sprache vereint sind. Es war kein Zufall, daß die türkische Fahne, Symbol des radikalen Bruchs mit der politischen Ordnung des Kalifats, der Anfang des zwanzigsten Jahrhunderts unter der säkularen Führung des Feldherrn Kemal Atatürk durchgeführt wurde, visuell dominierte.

Bruder Ilias, warte! rief jemand. Ich habe von dir gehört. Ich wollte dich unbedingt kennenlernen. Endlich jemand von meinem Kontinent!

Ein knochiger Mann meines Alters stand vor mir und stellte sich auf englisch als Arif vor.

Welcher Kontinent mag das wohl sein? fragte ich.

Er war verunsichert. Stammst du nicht aus Deutschland?

Doch, sagte ich, ein wenig.

Na, also, ich meinte Europa, ich bin aus England, dort geboren und aufgewachsen.

Bevor er diesen Satz zu Ende gesprochen hatte, hatte sein Akzent den Inhalt schon vorweggenommen.

Wie ist das Leben in Blackpool? fragte ich.

Viel Fitna, Bruder, viel Fitna. (Fitna bedeutet Unordnung und bezeichnet einen Mangel an jener Moral, die der Prophet [saw] den Gläubigen aufgetragen hat.)

Und was genau? fragte ich.

Ach, du weißt schon: Frauen in kurzen Röcken und durchsichtigen Tops. Es ist nicht einfach, dort als Muslim zu leben.

Arif war offensichtlich frustriert, und es schien, als habe der konzentrierte und allgegenwärtige Glaube auf der Hadsch seine Unzufriedenheit eher verschärft. Zu Hause stand er den ganzen Tag hinter dem Tresen des Familienladens; außerhalb der Arbeit verschanzte er sich hinter einer Vorstellung vom richtigen Leben, die sich nur schwer verwirklichen ließ. Es war mühsam, in Blackpool alle Gebote des Islam einzuhalten – das gemeinschaftliche Erleben kann durch kein Maß an Selbstdisziplin ersetzt werden. Es hat islamische Rechtsgelehrte gegeben, die deshalb ein Leben unter einer christlichen Mehrheit abgelehnt haben. Ibn Jubayr etwa schwelgt in Mitgefühl, Zorn und Trauer über das Schicksal seiner Brüder und Schwestern in der Levante, die zu seiner Zeit die Herrschaft der Kreuzritter erdulden mußten.

Wir müssen die Schuld für die Schwäche der Muslims bei uns selbst suchen, fuhr Arif fort. Wir leben nicht richtig als Muslims, Bruder, wir sind nicht fest in unserem Glauben. Wenn wir ein Vorbild wären, könnten wir den Islam wieder stark machen und nach Westeuropa bringen. Der Westen hat vieles, aber ihm fehlt die innere Kraft. Wir sind aber leider schwach, viel zu schwach. Als die Sahabah nach China kamen, haben sie nichts anderes getan, als den Islam zu leben. Sie waren die ehrlichsten Händler auf dem Markt, sie verkauften ihren gesäuberten Reis zum gleichen Preis, den die anderen Händler für ungesäuberten Reis verlangten. Die Konkurrenz beschwerte sich beim König, den Muslims wurde untersagt, auf dem Basar zu handeln. Doch dann protestierte das Volk, und das Verbot wurde zurückgenommen. Heute gibt es in China wie viele Muslims … zwanzig Millionen? … das sind die Nachfahren, das ist die Frucht dieses Vorbilds.

Arif träumte davon, nach Indien heimzukehren (er sagte »heimkehren«, obwohl er in England geboren war), sobald seine Kinder erwachsen seien, auf eigenen Beinen stünden. Aber er hatte keine Antwort auf die Frage, ob das reine islamische Leben sich in Gujarat, woher seine Familie stammte, um so viel leichter verwirklichen ließe. Gewiß, er würde mehr Gleichgesinnte um sich scharen, die Entfernung zur Moschee wäre kürzer, der Ruf des Muezzins lauter, das Einkaufen weniger aufwendig, aber ob seine Sehnsucht damit allein befriedigt wäre?

Wieder war die Zeit zwischen den Gebeten ein vages Provisorium, das sich mit dem Verrichten alltäglicher Notwendigkeiten nur unzureichend überbrücken ließ. Am späten Nachmittag stieg ich auf einen der Hügel, die Mina einschließen. Am Hang hatten einige Pilger ihre Zelte aufgeschlagen, mit schweren Steinen gegen das Gefälle geschützt. Manche schienen im Freien zu kampieren. Sie saßen stumm neben ihren gebündelten Habseligkeiten. Auf den flachen Felsvorsprüngen standen vereinzelt Gestalten, aufrecht und stramm wie Wachen. Der Sonnenuntergang rückte näher. Als der Azaan aus der Kaif-Moschee erklang, bereiteten sich die Gestalten auf das Gebet vor, über ihnen ein rotaufgeladener Wolkenstreifen, der Saum eines verrauschten Tages. Die Stimme des Vorbeters erklang im Tal, wir aber, die wir provisorisch auf einem Felsvorsprung oder einer Terrasse des Hügels beteten, richteten uns nach unserem eigenen Rhythmus – einsame Sucher, die sich von der Gemeinschaft entfernt hatten.

In den großen, zentralen Strömungen des Islam gibt es keinen Platz für Eremiten, für Einsiedler, für einen lebenslang weltabgewandten Weg; weder Klöster noch Mönche sind vorgesehen. Wie das Tal von Mina symbolisiert, ist Islam der Versuch, eine soziale Ordnung aufzubauen, indem sich die Gemeinschaft an ein göttliches Gesetz hält und ein spirituell wahrhaftiges Leben inmitten des Gewusels führt, inmitten des Menschen Überschuß.

## *Der neunte Tag des Monats Zuul Hijjah – Der bezeugte Tag*

Heute ist der Tag, auf den es ankommt!

Diesem Weckruf konnte keiner widerstehen.

Verbringe den ganzen Tag im Gebet, deine Gebete gelangen heute direkt zu Gott. Und bete für mich, Bruder!

Alles brach auf zum Berg Arafah. Auf den Brücken zogen sich die Busse und Lastwägen zusammen wie brütende Wolken. Es war der heißeste Tag auf der Hadsch, und der größte Verkehrsstau der Menschheit fand mitten in der arabischen Wüste statt.

Die Putzkolonnen, die zur Verabschiedung aufmarschiert waren, standen in Reih und Glied, wie Brigaden. Die Männer stammten aus Pakistan und Indien, und sie waren orangefarben gekleidet. Vor ihnen gestikulierte ein Saudi in langem weißen Gewand, erklärte, wie sie das Lager zu säubern hatten, und teilte das Säuberungskommando ein, während die Millionen tiefer in die Wüste zogen, um sich selbst zu läutern.

Eigentlich hätten wir unmittelbar nach Ishrak, dem Gebet nach Sonnenaufgang, aufbrechen sollen, aber wir mußten bis in den späten Morgen hinein auf unseren Bus warten. Ich setzte mich zusammen mit den anderen jüngeren Männern auf das Dach. Wir benötigten zwei Stunden für die fünfzehn Kilometer – viele der Pilger bewältigten diese Wegstrecke zu Fuß. Auf der mehrspurigen Ringstraße, die den Berg Arafah umschloß, kam der Verkehr kaum voran. Vor uns schlich ein Jeep mit offener Ladefläche voller hochgestapelter Kartons. Drei Männer waren damit beauftragt, die Pakete an die Pilger zu verteilen. Sie warfen uns einige Kartons zu – wir rissen sie auf und entdeckten Orangen, Croissants und Wasserflaschen. Wir versuchten die Orangen mit gezielten Würfen an die weiter entfernten Busse zu verteilen, auf denen viele Arme aufgeregt winkten, aber manche Orange verfehlte ihr Ziel, landete zwischen den Bussen und rollte in die Wüste. Wir reichten die Croissants und die Plastikflaschen mit Mineralwasser nach unten, zu den Frauen und den älteren Männern, den Rest teilten wir unter uns auf. Vieles auf der Hadsch hat sich seit Jahrhunderten nicht verändert. Ibn Battuta beschreibt schon im vierzehnten Jahrhundert, daß seine Karawane von einigen Kamelen begleitet wurde, die mit Wasser, Nahrungsmitteln und Medizin für die ärmsten Pilger beladen waren.

Die Sonne erhob sich über uns wie ein Scharfrichter und strafte unser geschorenes Haupt. Auf allen Seiten des Hügels erstreckte sich ein einziges, dichtbesiedeltes Lager, in dem die meisten Pilger Buße taten, denn auf dem Hügel selbst konnte nur noch eine Minderheit Platz finden. Die Pilger saßen in Zelten, die gewölbten

Handflächen vors Gesicht gehalten, oder sie standen auf den Pfaden und Freiflächen, gegen den Berg Arafah gerichtet, weder von der Sonne noch von der eigenen rigorosen Beichte geschont.

An diesem Hügel, diesem »vulkanischen Negativ des Himmlischen Gartens«, haben sich die Eltern der Menschheit, Adam und Hauwa (Eva), nach ihrer Vertreibung aus dem Paradies, nach hundertjähriger Trennung und leidvoller Suche, wiedergefunden – Arafah bedeutet Wiedererkennen. Im Islam tragen beide gleichermaßen Schuld für ihre Gier nach der verbotenen Frucht, und an diesem Ort hat Gott beiden verziehen. Wenn die Stellung der Frau aus dem Geiste des ursprünglichen Islam heutigen Erfordernissen angepaßt werden soll, dann könnte diese Gleichberechtigung in Verfehlung sowie in Vergebung eine nicht unerhebliche Rolle spielen.

Als wir unseren Zeltplatz erreichten, lud mich Badrubhai zu einem Hühnchen-Biryani ein. Es war leicht gewürzt, und die Reiskörner perlten von den Schenkeln herab.

Nimm mehr, sagte Badrubhai, du wirst gleich Kraft benötigen.

Nach dem Essen war ein jeder seinem eigenen Geständnis überlassen, seiner eigenen ehrlichen Bilanz. Die Schatten füllten sich mit Hitze; wir saßen im Schneidersitz und schwitzten wie unsichere Kantonisten. Manche Pilger murmelten, andere bewegten ihre Lippen stumm. In Gedanken an meine gravierenderen Schwächen stellte ich einen Katalog von Vorsätzen auf, den ich mental korrigierte, erweiterte und schließlich entschieden zusammenkürzte, weil mir bewußt wurde, daß dies nicht der Ort war für frivole Absichten mit kurzer Verfallsdauer. Um mich herum widmeten sich alle der schweigsamen Innenschau – es war völlig still bei dieser Kontemplation der vielen.

Das Nachmittagsgebet markierte eine Wendung. Nach Asr standen alle auf, und ein älterer Herr wurde eingeladen, über Lautsprecher ein Gebet zu sprechen, das sich in Lautstärke und Intensität kontinuierlich steigerte, bis alle den Tränen nahe waren und viele schluchzten – ein Gebet, das an Adam und Hauwa erinnerte, die Verfehlungen der Menschen benannte und Gott um Gnade anrief. Die Tränen waren wichtig als Ausdruck von Zerknirschung und tiefer Empfindung. Tränen verhelfen zum Eintritt ins Paradies. Adam betete an diesem Ort monatelang und vergoß so viele Tränen, daß sich ein Teich ansammelte, von dessen süßem Wasser die Vögel tranken.

Die heulenden Stimmen – die Vorbeter erhielten elektrische Verstärkung – erklangen aus allen Richtungen. Was als Strohfeuer begann, wuchs sich zu einer Feuersbrunst aus. Je rötlicher der späte Nachmittag sich färbte, desto dichter wurde unser Flehen. Keiner der zwei Millionen stand in dieser Stunde außerhalb des Gebets. Wir nutzten die Zeit, die allerletzten Minuten vor dem Sonnenuntergang, um noch einmal um Vergebung zu flehen, um Gottesfurcht zu beten, um einen leichten Tod, eine positive Bilanz am Tag des Gerichts und die Erfüllung der Gebete ein Leben lang.

Mit dem Sonnenuntergang erklangen die Glückwünsche: Hadsch Mubarak … Hadsch Mabruk. Die Hadsch galt mit dem Ende dieses islamischen Tages als erfüllt. Unsere Sünden waren vergeben, wir waren wie neugeborene Kinder, und wir durften uns von nun an Hadschis nennen. Es klang stolz, und alle wirkten ausgelassen, soweit sie es in ihrer Erschöpfung zeigen konnten, als seien sie von einem schweren Gewicht befreit.

Kaum war die Sonne gänzlich verschwunden, verwandelte sich das Lager der ergriffenen Büßer in einen Bienenstock. Jeder suchte seinen Bus. Es wurde aufgeladen, eingestiegen oder, wie in unserem Fall, über die Leiter auf das Dach geklettert. Ein stinkiger Dunst machte sich breit – die Fahrer von Tausenden und Abertausenden von Schwerfahrzeugen ließen ihre Motoren laufen, damit ihre Passagiere in den Genuß der Klimaanlage kamen. Die Hadschis husteten, während sie zwischen den Bussen hindurchgingen.

Ich fand Platz neben einem Arzt, der ebenfalls Ilias hieß, und seinem zehnjährigen Sohn, der bald darauf unter den Ihram seines Vaters kroch. Wir beglückwünschten uns, strahlten uns an; er holte ein Handy aus seiner kleinen Tasche und telefonierte aufgeregt mit seiner Familie in Bombay.

## *Der zehnte Tag des Monats Zuul Hijjah – Der Tag des Opfers*

Wenn die Sonne nicht mehr sichtbar ist, schreibt Mohammad Nasiruddin Al-Albani in seinem Hadsch-Führer, sollen die Pilger Arafah in Richtung Muzdalifah verlassen, einem Dorf bei Mina, wo sie die Nacht bis zum ersten Gebet zu verbringen haben, in Ruhe, mit Gelassenheit. Sie sollten sich besondere Mühe geben, nicht zu drängeln und nicht zu rempeln.

Wir lagen ruhig auf dem Dach, wir unterhielten uns mit viel Gelächter und ohne großen Ernst; wir waren gelassen, aber um uns herum hob ein irres Hupen an, das sich für eine lange Weile nicht beruhigte. Offensichtlich lasen saudi-arabische Busfahrer ihren Mohammad Al-Albani nicht. Vom Dach aus hatten wir einen guten Überblick. Unsere Stimmung war euphorisch. Die Ehefrauen und Mütter der Männer um mich herum warfen Leckereien zu uns hinauf. Wir teilten alles miteinander, redeten durcheinander. Einer der jungen Männer hatte vor kurzem geheiratet. Es war in seiner Familie wie in vielen anderen Familien Brauch, daß sich die frisch Vermählten mit der Mutter des Bräutigams auf die Hadsch begeben und jeweils eines der jüngeren Geschwister mitnehmen. Er gestand mir, daß er es zu Hause mit den fünf täglichen Gebeten nicht so genau nehme.

Aber hier, sagte er, hier ist alles anders.

Einige Stunden später – keiner der Busse um uns herum hatte sich bewegt – legten wir uns zum Schlafen hin, in unserem Ihram spärlich gegen die schleichende Kälte geschützt. Ich wurde vom Fahrtwind geweckt – eine Schlucht, Mondhügel, um uns herum eine motorisierte Völkerwanderung. Die Autobahn mit ihren zehn Spuren (vielleicht waren es auch zwölf) zog sich wie ein Alptraum durch die archaische Landschaft. Bald wurde der Fahrtwind wieder gestaut, und wir skandierten *Labbayk* im Stoßverkehr.

Gegen Mitternacht hielten wir mitten in der Kurve einer Ausfahrt, und der Busfahrer hieß uns auszusteigen. Vor uns lag die Zeltstadt von Mina. Wo war Muzdalifa? Einer der Hadschis erklärte mir, die große Zeltstadt umfasse heutzutage auch Muzdalifa. Die Pilgermassen hätten zwei Dörfer zu einer einzigen bewohnten Einheit zusammengefaßt. Wir stolperten den Hang hinab und über die verstreuten, vermummten Körper von Schlafenden hinweg zur nächsten Waschstelle; danach versammelten wir uns auf dem Asphalt zum Gebet. Wir hätten die ganze Fahrbahn blockiert (und der Verkehr hätte unser Gebet nicht unterbrechen dürfen), wenn uns ein herbeigeeilter Polizist nicht auf die linke Spur zurückgetrieben hätte. Das Abend- und das Nachtgebet wurden ausnahmsweise zusammen verrichtet. Allerdings herrschte zwischen den Älteren in unserer Gruppe einige Unsicherheit über die gebotene Anzahl an Iqemats und Rakas.

Als ich später in einem der Bücher nachschaute, fand ich heraus, daß wir einen Fehler begangen hatten. Kein Wunder. Die Komplexität der Rituale ist legendär, Fehler sind von jedem zu erwarten. Als Mullah Ali Qari, der Autor des berühmtesten Ratgebers über die Hadsch, bei einer seiner Pilgerreisen einen offensichtlichen Fehler beging, gab ihm ein anderer Pilger den freundlichen Rat, wenn er sich eines Details nicht sicher sei, solle er sich doch vertrauensvoll an Mullah Ali Qari wenden.

Nach dem Gebet legten sich die Frauen aus unserer Gruppe auf Matten am Straßenrand schlafen, die Männer brachen auf, um Steine für die rituelle Steinigung zu sammeln, und ich schulterte meine Tasche, nicht gewillt, die Nacht nach dem Höhepunkt der Hadsch auf einer Autobahnausfahrt zu verbringen.

In dieser Nacht stößt die Hadsch an ihre logistische Grenze. Die Pilger sollten in Muzdalifa verweilen, und erst nach dem Morgengebet nach Mina zurückkehren. Doch Muzdalifa ist nur ein Areal zwischen Auf- und Abfahrten, eine fiktive Demarkation, gekennzeichnet allein durch eine Tafel auf der breiten Fußgängerzone. Manche der Zelte befinden sich in Muzdalifa, andere hingegen in Mina; manche Pilger können somit in ihren eigenen Zelten übernachten, ohne einen rituellen Fehler zu begehen, die anderen müssen sich irgendwo auf Sand oder Asphalt zusammenrollen und den Gebetsaufruf abwarten. In vielem ist die Hadsch sehr einfach, sehr bequem geworden, die Nacht zwischen Muzdalifa und Mina jedoch bietet verläßliche Plagen.

Spätnachts gab es keinen Platz mehr in Muzdalifa, und viele Pilger lösten das Problem, indem sie die Regeln mißachteten. Ein Strom von Menschen floß in Richtung Mina. Ich suchte an den Hängen nach den neunundvierzig kleinen Steinen, die ich für die symbolische Steinigung des Teufels benötigen würde, aber ich wurde nur mühsam fündig. Bei zwei Millionen Pilgern werden selbst in der Steinwüste die Steine rar, zumal sie so klein sein sollten, daß sie niemandem wehtun, groß genug aber, um aus einer Entfernung von etwa fünf bis zehn Metern mit einiger Treffsicherheit geworfen zu werden. Ich sammelte eher zu kleine als zu große Steine auf.

Schließlich rutschte ich den Hang hinab und schloß mich dem Strom an. Wir trieben schweigend in der Kälte dahin, eine Kolonne, die durch eine Lagune des Schlafes watete. Manche Hadschis taumelten, manche drängelten, manche traten auf die Ausgestreckten zu beiden Seiten. Alles wie gewohnt – der Zustand völliger Reinheit konnte nicht lange anhalten. Als ich nach einer Weile stehen blieb, um einen Tee zu trinken – der Somalier und seine Thermoskanne waren umringt von mumienhaften Gestalten –, fragte ich nach der Uhrzeit. Es war schon drei Uhr. Es lohnte sich nicht mehr einen Schlafplatz zu suchen.

Gegen vier Uhr erreichte ich die Zeltstadtmitte von Mina und verspürte Hunger. Der Supermarkt war geöffnet. In einer Ecke waren arabische Süßigkeiten aufgehäuft. Ich kaufte ein großzügiges Stück Baklava, Orangensaft und Buttermilch, setzte mich auf die Treppen und betrachtete die Ungeduldigen auf ihrem Weg durch die ausgeleuchtete Nacht zur voreiligen Steinigung. Mir schwante Böses.

Der Tag von Arafah, sagen die Weisen, ist der bitterste Tag für Satan. Das mag stimmen. Doch am nächsten Tag ist Satan wieder im Rennen. In Mina gehört Übermut gewiß zu seinen Lieblingssünden.

Der Festtag von Id al-Adha, in der ganzen islamischen Welt feierlich begangen, auf der Hadsch hingegen ein wichtiger Tag in einer Aufeinanderfolge von wichtigen Tagen, verpflichtet den Pilger, ein Tier zu opfern und eine Säule zu steinigen, zwei Rituale, die auf eine gemeinsame Urgeschichte zurückgehen. Ibrahim wurde von Gott aufgefordert, seinen Sohn zu opfern – laut Altem Testament den jüngeren Isaak (Ishaq), laut Koran hingegen den älteren Ismail. Auf dem Weg zur Opferstätte wird Ishmail dreimal vom Teufel in Versuchung geführt, seinem Vater nicht zu gehorchen, sich ihm zu widersetzen, und jedesmal verscheucht Ismail den Teufel mit gezielten Steinwürfen. Später, als der unbedingte Gehorsam Ibrahims gewürdigt wird, darf er statt seines Sohnes ein Tier opfern. Die Adha, die Opferung, ist an diesem Tag allen Muslims auferlegt; nur Hadschis müssen auch die Jamarat, die Steinigung, wiederholen.

Wenn du jetzt zur Jamarat gehst, warnte mich Badrubhai im Zelt, wirst du erleben, was für ein leichtes Spiel der Satan hat. Die Leute benehmen sich schlimmer, als er es sich erhoffen könnte. Ihr ganzes Verhalten widerspricht dem Geist des Islam.

Um Viertel nach zehn in der Früh – Zeitungsberichte bestätigten am nächsten Morgen die Gerüchte – wurden auf einer der Brücken, die zur Teufelssäule führen, zweiundzwanzig Pilger zu Tode getrampelt. Um Viertel vor zehn stand ich nahe der Großen Säule und dachte: So fühlt es sich an, wenn man zerdrückt wird. Ich wußte nicht mehr, wo mein Körper endete und die Masse begann, und wie alle anderen um mich herum geriet ich in Panik. Ich wollte um mich schlagen, aber etwas – ein Rest Anstand oder eine plötzliche Lähmung – hinderte mich daran. Ich nahm die Menschen um mich herum kaum wahr, ich spürte nur: Jeder Bruder und jede Schwester ist mein Todfeind und zugleich mein einziger Halt.

Ich war aufgebrochen, kaum hatte Badrubhai seine Warnung ausgesprochen. Die Polizei hatte die Menschenströme zwar kanalisiert, aber die Hadschis begannen wild zu drängeln, sobald sie der Säule ansichtig wurden. Je näher wir ihr kamen, desto mehr schwankte die Menge, wie ein rollendes Schiff. Schreie warfen sich auf Schreie. Die Rücksicht und Geduld, die manche Pilger gerade noch beherzigt haben mochten, wurden erdrückt. Hadschis warfen ihre Steine aus viel zu großer Entfernung, sie trafen nicht das Symbol des Teufels, sie trafen ihre eigenen Brüder und Schwestern. Selbst jene, die warteten, bis sie nahe genug an die Säule herangekommen waren, hatten Schwierigkeiten, das Gleichgewicht zu halten, um gezielt werfen zu können. Ich verschoß, wie die meisten der inzwischen völlig verängstigten Hadschis, meine Munition schnell, ohne an die erforderlichen Gebete zu denken, an die tiefere Bedeutung des Rituals. Eigentlich sollten wir so stehen, daß die Kaaba zu unserer Linken und Mina zu unserer Rechten lag, eigentlich sollten wir die Steine zwischen Daumen und Zeigefinger halten und vor jedem Wurf ein Gebet sprechen. Aber wir achteten nicht mehr auf Regeln, wir waren nur noch darauf bedacht, lebendig aus dem Ritual herauszukommen. Keiner von uns ähnelte Ishmail, dem unerschütterlichen Sohn Ibrahims, wir waren wie eine Armee auf der Flucht, wie Soldaten, die ihre letzte Munition verschießen.

Ich hatte in meinem Bemühen, niemanden zu treffen, zu zögerlich geworfen und hatte nicht bemerkt, daß ich immer weiter nach vorne gedrängt wurde. Auf einmal stand ich neben der Umfassung der Säule. Steine fielen auf meine Schultern, auf meinen Nacken. Ich hob meine zusammengefaltete Gebetsmatte hoch und verwendete sie als Schild, und mit der anderen Hand versuchte ich mich von der Mauer wegzudrücken, um nicht zerquetscht zu werden. Ich blickte um mich. Die Mauer war eine etwa einen Meter hohe Einfriedung, die Steine rasselten einen Trichter hinab und fielen durch eine Öffnung nach unten, auf die Ebene der Straße – wir waren auf einer Überführung.

Zur Steinigung zu gelangen war einfacher, als ihr den Rücken zuzudrehen. Sobald die Hadschis ihre sieben Steine geworfen hatten, schubsten und drängten sie sich einen Weg durch die Masse nach außen, ungeachtet dessen, was möglich war. Sie schlugen mit den Ellbogen um sich und drückten mit ihrem ganzen Gewicht gegen diejenigen vor ihnen. Sie ließen Querende nicht vorbei, die ihrerseits mit Gewalt durchzubrechen versuchten. Jeder nährte den Teufel in sich selbst. Vielleicht war es doch kein Fehler, daß die Steine auf die Pilger niedergingen, denn dort trafen sie den Teufel eher als an der Säule. Die Steine, die eine Säule treffen, dachte ich, als ich am Ausgang der Überführung endlich Luft holen konnte und meine Nerven sich ein wenig beruhigt hatten, sind so selten wie gute Menschen.

»The Saudi Project for utilization of sacrificial animals, managed by the Islamic Development Bank«. Ein Schalter wie beim Lotterieverkauf. Glanzlaminierte Broschüren lagen aus, beschrieben das ultramoderne Schlachthaus, die vorgenommenen Verbesserungen an Hygiene, die Verteilung der Fleischspenden. Ein effizienter Mitarbeiter erklärte das Angebot. Ein Schaf oder ein siebtel Kamel. Er deutete auf einen Aushang, der die Länder aufführte, die in diesem Jahr mit Fleisch von der Opferung beliefert würden. Jährlich werden etwa eine halbe Million Tiere geschlachtet und das Fleisch als Spende in über zwanzig Länder gebracht – Hauptnutznießer in den Jahren, über die eine Statistik Auskunft erteilte, war Bangladesch, gefolgt von Jordanien und Libanon. Es stand mir frei, meine Spende einem bestimmten Land zuzusprechen. Ich entschied mich zugunsten meiner »slawischen Brüder und Schwestern« in Bosnien, zahlte einhundert Dollar und erhielt einen Coupon, der so aufwendig gedruckt war wie ein Börsenpapier. Die zweite Pflicht am Festtag des Id al-Adha ließ sich also mit einem Zücken des Geldbeutels im Nu erledigen.

Arme Pilger können das Fleisch auch selbst abholen, sie können sogar gänzlich auf das Opfer verzichten und statt dessen mehrere Tage fasten. Traditionsbewußte Pilger können ihr Tier selbst opfern. Sie müssen es mit einem sehr scharfen Messer in einem einzigen schnellen und kräftigen horizontalen Schnitt durch die Kehle töten und dabei ausrufen: *Im Namen Allahs, Allah ist groß. Oh Allah, dies ist von mir für Dich, bitte nimm es von mir an.*

Aber auch jene, die das Opfer selbst darbieten oder das Fleisch abholen, dürfen nur ein Drittel für sich behalten und müssen den Rest an Notleidende beziehungsweise an Verwandte und Nachbarn abgeben … *und speiset den demütig Bittenden und den verschämten Armen* (22:36).

Am Rande von Mina, zu weit entfernt, um bloß aus Neugier hinzugehen, befand sich die automatisierte Schlachterei sowie ein altmodischerer Schlachthof für jene, die selbst Hand anlegen wollten. Die Hadsch hat sich im Laufe des zwanzigsten Jahrhunderts wohl nirgends so sehr verändert wie bei der Opferung. Richard Burtons Beschreibung aus dem Jahre 1853 dürfte symptomatisch sein für die einstigen Zustände:

Der ganze Boden des Tals, schreibt er, entsprach dem schmutzigsten Schlachthaus … voller Fliegenschwärme. Die blutgetränkte Erde begann nach widerlichen Dünsten zu stinken. Nichts bewegte sich am Himmel außer Drachen und Geiern. Sechstausend Tiere waren in dieser Teufelsschüssel geschlachtet und aufgeschnitten worden.

Nur wenige Jahre nach der Machtübernahme von Ibn Saud 1925 ließen die sanitären Zustände kaum noch zu wünschen übrig. Harry St. John Philby, ein britischer Nomade, der jahrzehntelang am Hofe des Königs Abd al-Aziz ibn Saud gearbeitet hatte, versicherte seinen Lesern im Jahre 1931:

Ich habe die Opferzeremonie an diesem Morgen verpaßt, und mein persönliches Opfer wurde am nächsten Tag in Vertretung dargereicht, aber ich muß hinzufügen, daß ich in den drei Tagen in Mina nichts von der großen Schlachtung gesehen oder auf noch unangenehmere Weise mitbekommen habe. Die Schlachterei wird vernünftigerweise weit von den Lagerplätzen der Pilger entfernt vorgenommen … Ich habe einige Schafsköpfe dort herumliegen sehen, wo sie vielleicht nicht hätten liegen sollen, aber ansonsten gab es weder den Gestank noch den anstößigen Anblick sonnengegrillter Fäulnis. Die medizinischen Autoritäten haben ihre Arbeit zweifelsohne hervorragend erledigt, und sie sind belohnt worden mit der niedrigsten Todesrate auf der Hadsch, seit Buch geführt wird.

Auch ich merkte von der Schlachtung nur, wie sich beachtliche Stücke Schaf oder Ziege vor der offenen Küche am Eingang unseres Lagers stapelten und später in den riesigen Töpfen, in denen täglich zwei Mahlzeiten für uns zubereitet wurden, stundenlang zu einem exzellenten Curry geschmort wurden.

Harry St. John Philby war Zeuge einer Wende in der Geschichte der Hadsch. Noch im neunzehnten Jahrhundert waren die heiligen Orte erstklassige Brutstätten und Übertragungszentren für Seuchen und Krankheiten. Ab 1831 stellte Cholera die Behörden in Mekka vor unlösbare Probleme. Die Pilger kamen geschwächt und infiziert dorthin, steckten sich oder andere in Mekka an, und zogen danach in alle Erdteile, und die Krankheit mit ihnen. 1865 starben sechzigtausend Menschen allein in Ägypten. Die Pilger schleppten die Krankheit bis nach New York und Guadeloupe; erst 1874 konnte der Cholera-Epidemie Einhalt geboten werden. Damals gaben die Straßen von Mekka ein erbärmliches Bild ab; zu beiden Seiten häuften sich die Leichen. Die Pilger, die sich nach Dschidda abzusetzen versuchten, starben in der Wüste oder erkrankten in der Hafenstadt. Dort wurden sie in Baracken zusammengetrieben, Nahrung und Wasser wurde jenen verweigert, die ihr ganzes Geld schon ausgegeben hatten.

Auch heute sterben Pilger an Schwäche, Auszehrung, Herzinfarkt oder Sonnenstich, aber seit der Einführung präventiver Gesundheitsmaßnahmen hat es keine Epidemien mehr gegeben. Überall begegnet man Stationen der Vorbeugung. Selbst in der Großen Moschee findet sich eine medizinische Anlaufstelle, und am Flughafen von Dschidda empfängt einen das Haj Epidemiological Studies Centre K.A.I.A. Auch Mina und Arafah verfügen über eigene, hervorragend ausgerüstete Krankenhäuser.

Zu Fuß nach Mekka. Ich laufe, wie Tausende andere auch, die sechs Kilometer von Mina nach Mekka. Nach einem Tawaf und dem neuerlichen Scheren des Kopfes werde ich später am Tag wieder zurückgehen. Fast der gesamte Weg ist überdacht. Die Fußgänger überholen Fahrzeuge, die im Stau stecken. Kurz vor Mekka ist ein Fußgängertunnel durch den Berg geschlagen, davor ein kleiner Park mit satten Grasflächen und einigen Bänken. Plötzlich ist Müßiggang eine Option, und sie unterscheidet sich von dem angespannten Nichtstun vorangegangener Tage. Ich habe den Gipfel der Pilgerschaft erklommen, mit ausgestreckten Beinen genieße ich ein Gefühl des Glücks und der Dankbarkeit; meine Gedanken sind kleinäugig, es geht bergab, ich muß mich nicht anstrengen, ich habe Zeit und keine Absichten.

Der lange Tunnel wirkt wie eine Kulisse: Wir alle, gehüllt in einfaches weißes Tuch, sind auf dem Weg zum

Letzten Gericht. An schmucklosen Wänden vorbei, im unschmeichelhaften Neonlicht; jeder, der sich schleppt, ist nur er selbst, die Summe seiner Handlungen. Es war die Vision, daß der Weg zum Letzten Gericht uns immer subterran begleitet, als existiere er gleichzeitig zu unserem Dasein – und nicht erst am Ende der Zeit. Solange wir leben, gehen wir durch diesen Tunnel, aber nur hier, zwischen Mina und Mekka, erfahren wir davon.

Der Tunnel entließ uns in ein unertraglich grelles Licht. Die Hadschis kniffen ihre Augen zusammen, einige von ihnen holten Sonnenbrillen heraus, an deren Existenz ich mich auf einmal erinnerte wie an einen vergessenen Namen. Wir waren mitten in Mekka, oberhalb der Haram al-Sharif, auf einem großen Platz, leer bis auf einige Buden, die Gebetsketten in allen Farben und Formen anboten.

Es erschien mir wie eine Ewigkeit, seit ich zum letzten Mal die Große Moschee aufgesucht hatte. Sie war nicht annähernd so voll wie vor unserer Abreise nach Mina. Während wir außerhalb Mekkas geweilt hatten, war die Kiswah gewechselt worden. Bei unserem Tawaf Al-lfaza, dem Tawaf zum Ende der Hadsch, kreisten wir siebenmal um die Kaaba, die mit neuem Stoff, reiner Seide, angekleidet wurde. Früher wurde die Kiswah jährlich von dem Kalifen beziehungsweise dem ägyptischen Vizekönig gespendet, der es in Kairo von einer seit alters her damit beauftragten Familie herstellen ließ, und es wurde von der ägyptischen Karawane mit viel Trara nach Mekka gebracht. Heute wird die Bordüre von Hunderten von Händen in monatelanger Feinarbeit mit Goldfäden bestickt – in Mekka selbst, in einer speziell hierfür eingerichteten Werkstatt.

In Mina, wie auch in Mekka, gab es kaum Bettler, aber die wenigen waren Inder. (Die Inder, stets extrem, schreibt Richard Burton, sind entweder Bettler oder Millionäre.) Noch vor wenigen Jahren wurden zu Ramadan Gastbettler aus Indien importiert, damit die in diesem Monat vorgeschriebene Großzügigkeit nicht an einem Mangel an Bedürftigen scheiterte. Die Bettler sollen angeblich Profis sein, hierarchisch streng organisiert von Menschenhändlern. Sie müssen ihre Einnahmen abgeben und erhalten dafür ein Gehalt, das bei etwa vierhundert Rial, gut hundert Euro, liegt.

Laß dich von ihrem Ihram nicht täuschen, sagte ein Inder, der neben mir stehenblieb, und den Bettler, mit dem ich mich unterhielt, unwirsch verscheuchte. Sie lügen alle. Sie behaupten aus Kaschmir zu stammen, um Mitgefühl zu erregen, denn jeder Muslim kennt Kaschmir. Gestern wandte sich einer an mich, der stammte eindeutig aus Indien, und er trug ein kleines Kind im Arm, ein einige Monate altes Baby. Der Mann bettelte um Hilfe für sein Kind, aber das Kind war schwarz, pechschwarz. Es sah eher sudanesisch aus.

Wie soll das denn gehen, fragte ich ihn. Hast du dir dein Kind mal genauer angesehen?

Am nächsten Tag wurde ich im Flüsterton von einem jungen Inder in erstaunlich flüssigem Englisch angesprochen. Er sei Student aus Aligarh in Nordindien und schon seit vierzig Tagen unterwegs – das Geld sei ihm ausgegangen. Er konnte mir allerdings nicht erklären, wieso er so lange in Mekka verweilen mußte, wenn ihm die Mittel dazu fehlten, und als ich ihn daran erinnerte, daß ein Hadschi weder betteln noch ohne ausreichende Mittel die Pilgerreise antreten dürfe, war er mit einem Schlag keines einzigen englischen Wortes mehr kundig. Sein Unbehagen trieb ihn zur Flucht, als ich ihm dieses allseits bekannte Gebot in ein gestottertes Urdu übersetzte.

Früher, vor den Zeiten von Telefon, Konsulaten, Western Union und anderen Institutionen, waren viele Pilger auf Almosen angewiesen, sei es, weil sie beraubt worden waren oder weil ihnen das Geld ausgegangen war.

Da sind all die armen Kerle, schreibt der iranische Hadschi Kazemzadeh im Jahre 1912, in einem Zustand völliger Entbehrung, die fast nackt am Wegrand liegen und etwas Labsal im Schatten der Büsche suchen, der einzigen Vegetation in der Wüste. Wer vorbeikommt, gibt diesen Unglücklichen, die der Gnade der Sonne und des Sandes ausgesetzt sind, etwas zu essen, und gelegentlich nimmt eine großzügige Person sie auf ihrem Kamel mit nach Mekka.

# *Der elfte Tag des Monats Zuul Hijjah – Der Tag der großen Steinigung*

Badrubhai betete, als ich das Zelt betrat. Sein Kopf schwang rhythmisch von einer Seite zur anderen, die Worte wurden heftig gesetzt, rasant betont, die Stimme schien aus der Brust zu brechen.

Zeige mir dieses Gebet, bat ich ihn, als er sich aus der Sitzstellung gelöst und auf seiner Decke ausgestreckt hatte.

Ich kann es dir nicht beibringen, du bist dafür noch nicht weit genug fortgeschritten, sagte er, erklärte es mir dann aber doch: Das Gebet fängt im Herzen an. Du mußt alles aus deinem Herzen verbannen außer Allah. Beginne mit *Laa ilaaha* (Es gibt keinen Gott), lasse dein Kinn nach links wandern, und drücke es mit Kraft auf deine linke Seite, um die Sünden, die sich als Flecken in deinem Herzen angesammelt haben, zu vertreiben, und sage dabei *illallaah* (außer Gott). Zweihundertmal mußt du dies wiederholen, gefolgt von *illallaah* alleine, vierhundertmal, und schließlich von sechshundert *Allahu Allah*. Aber du solltest dieses Zikr nicht üben, es ist nur für Fortgeschrittene. Du mußt klein anfangen. In der ersten Klasse. Du mußt *Bismillah* und *Subhanallah* sprechen, hundertmal am Tag. Ein Jahr lang, dann kannst du aufsteigen, zu schwierigeren Gebeten. Sonst wirkt das Zikr nicht, weil du es nicht richtig ausführst. Es kann sogar eine schlechte Wirkung entfalten. Es wird dauern, bis du meine Stufe erreichst. Ich bin schon in der neunten Klasse. Nach der zehnten Klasse ist Schluß. Ich kann sagen, ich spiele jetzt im Halbfinale.

Das Zikr mit Badrubhai am nächsten Morgen erwies sich als einer der Höhepunkte meiner Hadsch. Die beste Zeit für Zikr sei früh am Morgen, erklärte er mir, wenn Allah sich im ersten der sieben Himmel aufhalte und sich umhöre, wer Hilfe benötigt. Wir setzten uns nach Fadschr im Schneidersitz nebeneinander, jeder von uns eine Perlenkette in der Hand. Badrubhai gab den Gebetsschlag vor, langsam zu Beginn, als taste er den Pfad ab, auf dem er uns führen wollte, die Stimme leise und der Oberkörper kaum in Bewegung; *Laa ilaaha* klang fast wie eine Frage, und *illallaah* wurde vorsichtig abgelegt, bevor es mit zunehmender Vehemenz hingeschleudert wurde. Alles steigerte sich – Lautstärke, Bewegung, Betonung –, bis wir einem Rhythmus der Trance folgten, einem Choral mit Crescendo, aus der Zeit getreten und frei von allen Gedanken. Unser Zikr hatte eine knappe Stunde gedauert, stellte ich danach fest. Ich fühlte mich erfrischt und beglückt. Ich mußte an die Aussage des großen al-Ghazali denken: »Musik, rhythmisch und wohltuend, bringt ans Licht, was das Herz verbirgt, offenbart Schönheit und

Unvollkommenheit.« Mit anderen Worten: Musik und Rhythmus sind göttlich.

Wenn man einmal mit Zikr begonnen hat, schärfte Badrubhai mir ein, darf man mit Zikr nie mehr aufhören. Nicht einmal auf Reisen. Das Zikr, das wir gebetet haben, ist nur eine schwächere, eine kürzere Version des wahren Zikr. Aus Rücksicht auf die anderen, auf unsere Nachbarn, die sich vielleicht wieder schlafen gelegt haben. Unser Prophet Mohammed, Sallallahu alaihi wa-sallam, sagt, wir sollen Sorge dafür tragen, daß unsere Gebete nie einen anderen Menschen stören. Es ist sehr wichtig, beim Zikr deine Gefühle freizulegen. Wenn du eine Träne dabei vergießt, eine einzige Träne, kann diese Träne das Höllenfeuer lindern. Ich kann sagen, Zikr ist wie eine Impfung gegen Heuchelei. Später, viel später wirst du lernen, das Zikr stumm zu sprechen, nur mit dem Herzen. Und die höchste Stufe ist es, wenn du in jedem Atemzug Allahs Namen trägst, während du deinen täglichen Aufgaben nachgehst, während du dich unterhältst, so wie ich mich jetzt mit dir unterhalte. Dann brauchst du keine Gebetskette mehr, Allah und Atmung sind eins. Durch Zikr verschmilzt du mit Allah. Er ist in dir, wenn du dich an ihn erinnerst. Wenn du dich ihm um eine Handbreite näherst, nähert er sich dir um eine Elle. Wenn du dich ihm um eine Elle näherst, nähert er sich dir um einen Schritt. Wenn du auf ihn zugehst, rennt er dir entgegen.

*Wer gut ißt, sollte an die Armen denken.*
*Wer gute Kleidung trägt, sollte an seine*
*eigene Beerdigung denken. Wer in guten Häusern lebt,*
*sollte an das Grab denken.*

Müde Gestalten schleppten sich durch die Hitze. Die Anstrengungen zeitigten Spuren; die Straßenverkäufer trauten kaum noch ihren eigenen, nur noch als Krächzen vernehmbaren Werberufen. Eine farblose Ermattung lag in der Luft. In dem mehrstöckigen Badehaus neben der Kaif-Moschee waren Hunderte von Kabinen besetzt mit Hadschis, die das Wasser lange über ihre ausgelaugten Körper strömen ließen. Manche zogen danach ihre weltliche Kleidung an, andere blieben im Ihram. Nun, da die Hadsch vorbei war, vergegenwärtigte ich mir eine weitere Symbolik dieser zwei weißen Tücher: Sie wiesen auf den eigenen Tod hin. Eines endlichen Tages würde ein jeder von uns Hadschis in sie eingewickelt ins Grab gelegt werden. Sie werden das einzige sein, das man auf die letzte Reise mitnimmt. An diesem Tag, übernächtigt und von der Sonne erschlagen, erschien mir die Vorstellung versöhnlich.

In der Kaif-Moschee selbst, einem über zehntausend Quadratmeter großen Raum, ging es zu wie in einer Lagerstätte: Die Pilger aßen, dösten, schwätzten zwischen ihren Taschen und Säcken. Schon zu Burckhardts Zeiten hatten viele ihr Quartier in der Moschee aufgeschlagen und zwischen den Säulen Därme gespannt, an die sie das frischgeschlachtete Fleisch zum Trocknen hängten. Der Hamburger, der von einem Hadschi neben mir verzehrt wurde, war so betrachtet eine erhebliche Verbesserung.

So wie das Sakrale während der Dauer der Hadsch die weltlichen Räume besetzt, so kriecht das Profane in die religiöse Sphäre hinein, bis beide nur noch durch einen Gebetsaufruf, der wie ein Schalter die momentane Priorität umstülpt, voneinander getrennt sind. Nach dem Nachtgebet verwandelte sich der Gebetsraum in einen Schlafsaal voller weißgehüllter Leiber.

Kaum hatte ich am Tag zuvor die erste Steinigung mit Schrecken überstanden, graute es mir vor der zweiten, der großen Steinigung, bei der man drei Säulen zu attackieren und das Gedränge somit dreimal zu erdulden hat. Spät am Vorabend war ich zu den Säulen spaziert und hatte sie sowie die Umgebung wie einen Parcours inspiziert, den ich am nächsten Tag überwinden müßte. Unter der Überführung, ebenerdig, würde das Gedränge, so schien es mir, vielleicht weniger dicht sein, da die Pilgerscharen nicht zu beiden Seiten eingeengt waren.

Die Vermutung bestätigte sich am nächsten Tag; es strömten tatsächlich weniger Pilger auf die Säulen zu, aber ihr Verhalten war keineswegs gemäßigter. Die irrationale Begier, die überflüssige Eile, die Aggression gegen die Säule, die sich auf die Mitmenschen entlud – es war wie am Vortag und durch die Wiederholung noch schlimmer. Neben mir war plötzlich eine Frau mit verbiestertem Gesichtsausdruck; sie warf die Steine in rascher Folge – eine Frau, die in diesem Augenblick mit keinem verwandt war, die mit ihrem rechten Ellbogen anderen Pilgern heftige Stöße versetzte. Nahe der zweiten Säule wurde in vier Krankenwägen ein stetes Rinnsal an Opfern behandelt – Kreislaufzusammenbrüche und einige Platzwunden. Ein Mann kam mir entgegen, mit einem runden, blutigen Verband über seinem linken Auge.

Während unserer Raserei wurden Durchsagen in allen wichtigen Pilgersprachen auf uns abgeworfen – wir traten die Mahnung mit Füßen. Am gefährlichsten waren große Gruppen, weil sie über die Stoßkraft verfügten, sich überall und zu jeder Zeit hineinzuzwängen und schwächere Konkurrenten wegzudrängen. Wenn ich eine Gruppe erblickte, meist schon aus dem Augenwinkel erkennbar an dem einheitlichen Farbfleck in der Menge, versuchte ich, möglichst großen Abstand zu halten. Bei der großen Säule rollten raschelnde Steine durch den Trichter von oben herab; sie hatten den Teufel schon halb zugedeckt. Am Ende der Steinigung würde er kaum noch zu sehen sein – eine kosmetische Veränderung par excellence.

Arif war von seinen Erlebnissen bei der Steinigung ähnlich entsetzt wie ich – eher noch mehr, denn er glaubte stärker als ich an das Gute in der Umma. Wenn er sich ärgerte, schien er seinen Nacken einzufahren und seine Schultern formten einen leichten Buckel, als sei jeder

Muskel zwischen seinem Herzen und seiner Zunge verspannt.

Du hast erlebt, rief er mit der Inbrunst eines Wanderpredigers aus, was für ein leichtes Spiel Shaitan (Satan) heute hatte. Es ist verboten einen anderen Muslim zu rempeln, geschweige denn ihn zu verletzen. Die meisten Hadschis wissen nicht, was sie tun. Sie verletzen nicht nur ihre Brüder und Schwestern, sie verletzen den Geist des Islam selbst. Auch an der Kaaba. Um den Schwarzen Stein zu berühren, um ihn zu küssen – was nichts bedeutet, was völlig wertlos ist, eine symbolische Handlung, mehr nicht –, sind sie bereit, Sünde um Sünde auf sich zu laden. Das geht nicht auf, das ist der reine Wahnsinn. Viel zu wenige wissen, was Islam wirklich bedeutet.

Ich zeigte ihm die Heftchen, die mir einige junge Aktivisten auf der Straße in die Hand gedrückt hatten. Die Wahl der Themen war überraschend. »Isbaal« war das eine Heftchen betitelt – »Die zugelassene Länge der Beinbekleidung«, in dem ein gewisser Dr. Saleh as-Saleh auf sechzehn Seiten über die Höllenstrafen referierte, die dem Träger kurzer Hosenbeine angedroht werden. Falsche Prioritäten – Arif und ich waren uns einig –, blinde Pedanterie. Die Paragraphenhengste hatten im gegenwärtigen Islam eine viel zu laute Stimme, die Moralisten und die Mystiker hingegen flüsterten.

Sag mir, fragte Arif unvermittelt, was ist deine Lieblingssure?

Sura Al-Mau'un, sagte ich.

Ein gutes Beispiel, hervorragend.

*Ara' aytalladhi yukadhdhibu biddiin*
*Fazaalikal ladhii yadu: ul-yatiim*
*Wa laa yahuddu'alaa ta'aamil miskiin.*

Hast du den gesehen, der den Glauben leugnet
Es ist jener, der die Waise verstößt
Und nicht sorgt für die Speisung der Armen.

Was sagt uns das? Überlege dir mal, wie viele Sünden Allah ta'ala hätte anführen können, um jene zu bezeichnen, die schwach sind im Glauben. Doch er hat von all diesen Sünden den Egoismus ausgesucht, die Kaltherzigkeit, das fehlende soziale Gewissen. Was für ein klarer Aufruf!

Wir standen in einer Ecke des Lagers und frönten der kleinen Sünde einer Zigarette. Gewiß war die Krise des gegenwärtigen Islam nicht zuletzt durch einen Mangel an sozialer Verantwortung bedingt. Obwohl der Koran, mehr noch als das Neue Testament, soziale Gerechtigkeit und mitmenschliche Solidarität zu einer Pflicht des einzelnen und einem Pfeiler der Gemeinschaft ernennt, herrscht in den meisten muslimischen Ländern eine eklatante Diskrepanz zwischen Fürsorge und Indifferenz. Erst am Vorabend hatte Badrubhai das Gebot klar in Worte gefaßt:

Wenn wir wahre Menschen sein wollen, müssen wir die Nöte und das Wohl unserer Mitmenschen berücksichtigen. Der Prophet, Sallallahu alaihi wa-sallam, hat gesagt, daß man erst dann ein Muslim ist, wenn man jeden Morgen an seine Brüder und ihre Bedürfnisse denkt.

Die Verantwortung für das allgemeine Wohl ist in den Hintergrund getreten, die Sorge um das eigene Wohl überwiegt. Das Konzept der Umma ist nur mehr ein sentimentales Sofa, auf dem man es sich bequem machen kann. Die Identifikation reicht im Alltäglichen nicht einmal so weit, daß man seinen Bruder nicht wegschubst, daß man ihm seinen Platz in der Schlange nicht streitig macht (das Warten auf eine freie Kabine in einer der vielen Telefonzentralen wäre hervorragend geeignet gewesen für Hobbes'sche Studien).

Der Islam, fuhr Arif erregt fort, wird von vielen nur nach den Buchstaben des Gesetzes befolgt, nicht aber nach seinem Geist. Man steht vor dem Sonnenaufgang zum Morgengebet auf, aber man legt sich danach wieder schlafen, obwohl Fadschr eigentlich den Tag einläuten sollte. Man hält die Disziplin der fünf Gebete ein, aber ansonsten nicht viel von Disziplin. Man achtet peinlichst genau darauf, daß der Koran immer oben auf liegt und nie mit unreinen Händen angefaßt wird, aber man liest ihn nicht. Man ist großzügig zu einem Verwandten, aber ausfallend gegenüber einem Bettler. Man schimpft seine Kinder aus, wenn sie fluchen, aber man zahlt Schmiergelder. Man achtet peinlichst genau darauf, Halaal zu essen, aber vergiftet seinen Geist mit dämlichen Fernsehserien. Man ist achtsam beim Gebet und schlampig in seinem Denken.

Diese Inkonsequenz war Arif ein Dorn im Auge, und ich konnte seine Enttäuschung nachvollziehen. In ihren schönsten Momenten läßt die Hadsch einen glauben, daß ein anderes Leben und eine andere Menschheit möglich sind. Pilgerfahrten zählen zu den großen Euphoriestiftern. Ein Ruck geht durch die Masse, ihre Trägheit ist kurzfristig aufgehoben, und in diesem Zeitraum des Aufrüttelns scheint ein Richtungswechsel möglich. Umso ernüchternder ist die Erkenntnis, daß bald alles wieder zusammenfällt, an seinen althergebrachten Platz.

## *Der zwölfte Tag des Monats Zuul-Hijjah – Der Tag des Regens*

Der Mond kam auf, über einem mit Lichterketten ausgelegten Tal. Ich lag auf einem Felsvorsprung oberhalb von Mina, die Hitze des Tages im Rücken, und dachte an eine von Amirs Lieblingsgeschichten, eine Parabel aus dem Koran. Eines Tages beschloß Ibrahim, einen besonders hellen Stern anzubeten. Doch als der Vollmond erstrahlte, wechselte er seine Ergebenheit und begann, den Mond anzubeten. Doch der Mond verschwand, und die Sonne ging auf, und Ibrahim wandte sich der Sonne zu. Als er über seine wankelmütige Treue nachdachte, stieß er auf die endgültige Lösung: Er würde jene Kraft anbeten, die den Stern, den Mond und die Sonne erschaffen hat.

Etwas am Himmel lenkte mich ab: Aus der einen Richtung krochen Wolken heran, schwere, absichtsvolle Wolken, die vom Rande des Himmels aus nacheinander die Sterne verschlangen und dann auch den Mond. Es wird doch nicht, dachte ich amüsiert, auch noch regnen – ich eilte den Hang hinab zu unserem Zelt.

Stunden später, beim zweiten Aufwachen kurz vor acht, sah ich meine Vorahnung bestätigt: Der Himmel über der Wüste war verhangen, er warf Düsterkeit auf die Zeltstadt. Dann platzte er auf, und es begann heftig zu regnen. Gelegentlich überfallen solche Stürme Mekka; mehrmals ist der Platz um die Kaaba herum überflutet worden. 1629 verwüstete eine Überschwemmung die Stadt, fünfhundert Menschen kamen dabei ums Leben, und die Kaaba wurde zerstört. 1877 stand die Flut zwei Meter hoch. In den Buchläden kann man ein Foto in Sepiafarbe aus dem Jahre 1941 erwerben, auf dem einige Jungs vor der Kaaba planschen und die scherzhafte Frage der Betrachter provozieren, ob sie zum Tawaf siebenmal um die Kaaba schwammen. Zu Zeiten der Karawanen waren gewisse Täler berüchtigt für saisonale Überschwemmungen. Nasir-i-Khusrao berichtet von unzähligen Pilgern, die in einer plötzlichen Flut ertrunken seien, weswegen der betreffende Ort Juhfa (weggeschwemmt) genannt worden sei.

Wir sollten uns Zeit lassen, sagte Badrubhai. Alle müssen heute nach Mekka zurückkehren, zur Mittagszeit wird ein schreckliches Gedränge herrschen. Laß uns lieber im Zelt warten und später aufbrechen.

Die anderen Mitbewohner waren ausgegangen, und zum ersten Mal war ich mit Badrubhai allein und konnte eine ruhige Unterhaltung mit ihm führen. Sein Sinnbild von den zehn Klassen, die ein Gläubiger durchlaufen könne, hatte mich neugierig gemacht. Ich fragte ihn, wie er selber von einer Stufe zur nächsten aufsteige.

Jeden Ramadan, erklärte er, reise ich nach Deoband und verbringe zehn Tage mit meinem Sheikh. Ich nutze die Zeit, um von ihm zu lernen. Ich übe und übe, viele Stunden lang. Er weist mich an, er fragt mich aus, und erst wenn er völlig zufrieden ist, darf ich in die nächste Klasse vorrücken.

Ich hatte oft von Deoband gehört, von dem gewaltigen islamischen Seminar in diesem nordindischen Städtchen, in dem alle meine Ulema-Brüder studiert hatten. Sie sprachen von Deoband wie von einer zweiten Heimat, voller Achtung und mit großer Verbundenheit. Sie hatten sogar den Nachnamen des Gründers von Deoband übernommen, und deshalb hießen sie nun alle Qasmi.

Das Studium dort, sagte Badrubhai, hat mein Leben verändert, auch das Leben meiner Familie, *Alhamdulillah*, und das Leben meiner Verwandten. Ich kann sagen, es hat sogar meine Freunde, Muslims wie Nicht-Muslims, beeinflußt.

Nicht nur aus Neugier sollte ich einige Monate später mit Burhan nach Deoband reisen; ich hoffte, zu der beglückenden Stimmung der Hadsch, zu Ruhe und Konzentration zurückzufinden. Von Delhi aus fuhren wir einige Stunden mit einem Bummelzug durch die staubige Ebene des Doabs, ein Zweistromland zwischen Ganges und Jamuna. Nichts auf dem kleinen Bahnhof von Deoband deutete auf eines der größten Seminare der Welt hin. Eine Rikscha fuhr uns durch die enge, dichte und schmutzige Altstadt. Buchläden und Verlage zwängten sich zwischen Schneiderwerkstätten und Eisenwarenläden. Die Hauptgasse des Basars endete plötzlich vor einem gewaltigen Bau aus weißem und rötlichem Marmor, eine eklektische, vom Taj Mahal inspirierte Architektur – die jüngst fertiggestellte Moschee des Seminars, die alle dreitausend Studenten fassen kann.

Der Campus war eine Oase der Ordnung im Vergleich zu dem Gewühl der Stadt. Nach Maghrib saßen die Studenten in offenen Klassenräumen, die sich um einige Innenhöfe gruppierten, und lernten die heiligen Texte in einem dissonanten Singsang auswendig, während sie ihren Oberkörper hin und her wiegen. Das Neonlicht in den Räumen reflektierte die unterschiedlichen Farben der Wände, so daß die Zimmer, von den Innenhöfen aus betrachtet, grün und blau schimmerten.

Burhan war sichtbar stolz, mich durch seine alte Alma mater zu führen. Wir wurden begleitet von einigen seiner Freunde aus Studientagen, die in Deoband geblieben waren, um zu unterrichten. Gelegentlich blieben einige Studenten stehen, um sich zu erkundigen, woher ich stammte.

Nach dem elften September, erklärte Mohammed Afzar, ein sehr eloquenter und nachdenklicher Mann, besuchten uns viele ausländische Journalisten. Sie vermuteten, wir würden hier Terroristen ausbilden, weil sich die Medrasa in Pakistan, in denen viele Taliban gelernt haben, Deobandi nennen. Sie sind allerdings mit unserem Seminar in keiner Weise verbunden.

Die Kritik an Darul Uloom Deoband, wie das Seminar offiziell heißt, ist inzwischen differenzierter geworden: Es verhindere eine Modernisierung des Islam, es kapsele die reine Lehre vor fremden Einflüssen ab, es schränke die individuelle Denkfreiheit ein.

Unsere Ausbildung, erklärte mir Ijaz Qasmi, ein anderer Dozent, der eine Kolumne für mehrere Urdu-Zeitungen schreibt, befaßt sich mit der religiösen Erziehung. Die Studenten sollen sich in weltlichen Dingen nicht zu gut auskennen, sie sollen nicht westlich erzogen, sondern befähigt werden, auf einfache Weise ihrer eigenen Gemeinschaft zu dienen. Dafür sind acht Jahre nötig, acht Jahre, in denen die heiligen Texte gelernt werden: der Koran samt seiner Interpretation (Tafsir), sowie die Ahadith (die verbindlichen Äußerungen, die auf den Propheten Mohammed zurückgeführt werden können).

Wir stiegen in den ersten Stock, von dem aus wir in den größten Hörsaal blicken konnten. Der Lehrer trug eine Textstelle zuerst auf arabisch vor und erklärte sie dann auf Urdu, der Muttersprache oder Lingua franca der etwa vierhundert Millionen Muslims auf dem indischen Subkontinent.

Jedes Hadith wird besprochen, flüsterte mir Ijaz zu, bis am Schluß alle sechs Ahadith-Sammlungen so detailliert durchgepaukt worden sind, daß die Absolventen in der Lage sein sollten, die Echtheit jedes behaupteten Hadith zu beurteilen, ohne nachschlagen zu müssen.

Diskussionen waren offensichtlich nicht vorgesehen. Die Studenten mußten ihre Fragen auf einen Zettel notieren und nach vorne reichen, wo der Präfekt der Klasse sie auf Wiederholungen oder Unsinnigkeiten überprüfte, ehe er sie an den Lehrer weiterreichte.

Die meisten Studenten stammen, wie ich in den folgenden Tagen erfuhr, aus armen, unterprivilegierten Verhältnissen. Das Seminar, das seit jeher für kostenlosen Unterricht sowie freie Unterkunft, Ernährung und Bekleidung sorgt, bietet ihnen die einzige Chance, eine Ausbildung zu erhalten. Den staatlichen, säkularen Schulen in den Dörfern ihrer Herkunft fehlt es an Klassenzimmern, Lehrern und Unterrichtsmaterial. Selbst wer die kostenlose Grundschule abschließt, kann höchstens ein wenig lesen, schreiben und rechnen. Für die meisten Schüler lautet die Alternative zum Seminar lebenslange Schufterei als Hilfskraft oder Saisonarbeiter. In Deoband werden die jungen Männer (ein kleineres Seminar für Frauen befindet sich in einer benachbarten Kleinstadt) sozial ermächtigt – die Absolventen sind auffällig würdevoll und selbstbewußt.

Es herrschte eine Atmosphäre der Entbehrung und Bescheidenheit in Deoband vor. Mohammed Afzar lud uns an einem der Abende zu einem Essen bei sich ein. Er teilte sich zwei Zimmer mit einem Kollegen, die abgesehen von zwei Matratzen auf dem Boden, einer Kochnische und einem niedrigen Bücherregal leer waren. Die Koffer der beiden lagen mitten im Zimmer, um wie Möbel zu wirken. Während Mohammed ein Chicken Curry zubereitete – und sein Kollege Mangos aufschnitt, und der reife Geruch das Zimmer durchsetzte –, unterhielten wir uns über die Ursprünge des Seminars.

Die Deoband-Bewegung entstand Mitte des neunzehnten Jahrhunderts als eine örtliche Antwort auf die Herausforderung der Kolonialisierung. Sie unternahm eine Kodifizierung der religiösen Ausbildung, die unmittelbar vom Vorbild der verhaßten britischen Herrscher angeregt war. Gleichzeitig hat sie die zentralen sozialen Aspekte des Islam – Gerechtigkeit, Ablehnung von Hierarchien, Wertschätzung von Bildung – wieder in den Mittelpunkt gerückt. Als eine der ersten religiösen Institutionen in Indien hat sie die Printmedien für ihre Zwecke genutzt und öffentliche Streitgespräche mit Gelehrten anderer Religionen initiiert. In einer feudal geprägten und hierarchisch gegliederten Gesellschaft setzte dies ein folgenreiches Signal. Mit der Vereinheitlichung der theologischen Schulung trat ein verbindlicher Lehrplan an die Stelle eines zuvor intimen und oft unzuverlässigen Verhältnisses zwischen einem Lehrer und seinen ausgewählten Schülern. Der soziale Appell inspirierte zudem die Freiheitsbewegung und führte zur Gründung einer Reihe einflußreicher islamischer Organisationen.

Kaum einer ist sich dieses Anspruchs mehr bewußt als Badrubhai, der seine Zeit in Deoband nicht nur – wie ich nun erfuhr – meditativ, sondern auch mit Besprechungen verbrachte, denn er gehörte dem Verwaltungsrat (Shura) an. In jüngster Zeit hatte er immer wieder für die Eröffnung neuer Fakultäten plädiert. Nach heftigen

Debatten konnten sich seine Vorschläge behaupten; heute können die Absolventen in einem Aufbaustudiengang Journalistik, Informatik oder Englisch belegen. Eine zentrale, technisch auf dem neuesten Stand befindliche Bibliothek ist ebenso geplant wie die umfangreiche Ausstattung mit Computerplätzen.

Die orthodoxen Lehrer hingegen befürchten, daß die technologische Anpassung im Laufe der Zeit auch zu einer inhaltlichen Öffnung führen wird. Nicht zu Unrecht, denn jene Deobandi, die Englisch beherrschen, sind meiner Erfahrung nach weltoffener und diskursfähiger. Meine Ulema-Brüder etwa hatten, als ich sie um ihre ehrliche Meinung bat, auch einiges an Kritik vorzubringen. Sie klagten über Korruption bei den Aufnahmeprüfungen – ein schwerer Vorwurf, denn Bestechlichkeit gilt im Islam als Sünde – und über den allgemeinen Leistungsabfall. Die Klassen seien viel zu groß, die Lehrer würden den Lehrplan nur mehr abspulen.

Die Lehrer haben nicht mehr jene Hingabe wie früher, sagte Khalid, sie haben ihre Spiritualität eingebüßt, sie sind vom Materialismus beeinflußt, viele denken nur noch ans Geld.

Womit Darul Uloom Deoband endgültig in der globalen Gegenwart angelangt wäre, gewiß zum großen Leidwesen seiner idealistischen Gründer.

Zu meinem eigenen Leidwesen gelang es mir in den Tagen von Deoband kein einziges Mal, Zikr mit Badrubhai zu beten. Eines frühen Morgens, als wir von unserer Schlafstätte zum Campus gingen, hörte ich vertraute rhythmische Laute aus einem der Häuser dringen. Ich schlich mich ans Fenster und ergötzte mich an dem Klang, doch kaum hatte ich mich aufgerafft, mich dem Zikr anzuschließen, verebbte es, und einige Männer traten heraus, unter ihnen Badrubhai. Ich schimpfte mit ihm, weil er mich und meine Einweisung in das Zikr vergessen hatte, und er entschuldigte sich kraftvoll.

Das nächste Mal, sagte er.

Auf das nächste Zikr – das wurde uns von nun an zum Motto.

Längst hatte es aufgehört zu regnen. Badrubhai und seine Gruppe warteten auf einen Bus, der sie erst abends von Mina zurück nach Mekka fahren würde. Amir, sein Vater und ich beschlossen zu Fuß nach Mekka zurückzukehren. Zuvor mußten wir ein letztes Mal die drei Säulen steinigen. Wir schleppten unser Gepäck mit. Intuitiv setzte ich meine Sonnenbrille auf, die ich erst an diesem Vormittag in einer Seitentasche wiedergefunden hatte. Wir wateten durch Plastikmüll, die Styroportassen knackten unter unseren Füßen, die offenen Saftbehälter klebten an unseren Sandalen fest; die Putzkolonnen kamen mit der Arbeit nicht mehr hinterher. Wer am Straßenrand ein provisorisches Lager aufgeschlagen hatte, wurde von Müll überhäuft.

Wir beratschlagten und entschieden, daß ich auf das Gepäck am Rande der Unterführung aufpassen würde, während Amir und sein Vater als erste zur Steinigung gingen. Aber sie kamen nach einigen Minuten frustriert zurück – es sei unmöglich, sich der Säule zu nähern. Wir kehrten um und begaben uns auf die Überführung. Nach wenigen Schritten wurde Amir von der Polizei gestoppt. Er mußte seine Tasche abgeben, um sie nach der Steinigung wieder abzuholen, eigentlich eine sinnvolle Verfügung, aber ich konnte mir nicht vorstellen, den Weg der Prüfung ein weiteres Mal zu durchlaufen, und so hielt ich in einer Anwandlung von Egoismus meinen eigenen kleinen Rucksack verborgen und gelangte unbesehen durch die Kontrolle. Arm in Arm erreichten wir die Säule. Während ich meine Steine warf, allein darauf bedacht, den Akt schnell hinter mich zu bringen, krachte ein Stein gegen das linke Glas meiner Sonnenbrille. Das Glas erhielt eine Delle, das Auge aber blieb unverletzt.

Bei dem Versuch, heil aus dem Gedränge herauszukommen, verloren wir uns aus den Augen. Eine kleine afrikanische Gruppe kam jenen, die mit brachialer Gewalt von der Säule wegdrängten, in die Quere. Die schmächtigen Frauen hatten keine Chance, sie wurden gestoßen, getreten, verzweifelt versuchten sie sich aneinander zu halten, und der einzige Mann unter ihnen streckte in einer berührend hilflosen Geste seine Hände schützend aus. Aus den Augenwinkeln sah ich, wie eine der schwarzgekleideten Gestalten zu Boden fiel, und mein Hals schnürte sich zu. Ich weiß nicht, ob es diese Frau war oder eine andere, aber jemand schrie hysterisch. Es war einer jener Schreie, die man nicht vergißt.

An diesem Punkt stieg ich aus dem Ritual aus. Wenn man eine Tradition nicht hinterfragt, den sich verändernden Gegebenheiten nicht anpaßt, dann verliert die Tradition letztendlich ihren Sinn. Ich schüttelte die letzten vierzehn Steine aus der Tasche meiner Kurta, wich zur Seite aus und eilte davon.

Am anderen Ende der Steinigung, an der Ausfahrt sozusagen, standen einige sudanesische Verkäuferinnen, umringt von jenen Hadschis, die ihre Sandalen ungewollt dem Teufel geopfert hatten und sich nun ein neues Paar kaufen mußten. Die Marktwirtschaft blühte im Schatten des Teufels.

Es war eine lange Wanderung nach Mekka, verlängert von der Hitze, und wie jeder andere auch, war ich durstig. Ich erblickte einen offenen Lastwagen in der Nähe, von dem aus Saftpackungen verteilt wurden. Es war eine Szene wie bei einer Hungersnot. Dichtgedrängt hatten unzählige Hadschis ihre Hände erhoben, als würden Freiwillige gesucht werden, und alle schrien, um auf sich aufmerksam zu machen. Ich stellte mich in die Mitte, bewegte mich nicht, sagte nichts, suchte nur Augenkontakt mit einem der jungen Männer auf der Ladefläche. Als er mich sah, breitete sich ein Lächeln über sein angespanntes Gesicht, und er nickte mir zu. Er griff in einen der Kartons, holte einige Safttüten heraus und warf mir eine davon gezielt zu. Dann zwinkerte er mir zu.

## *Der dreizehnte Tag des Monats Zuul-Hijjah – Der Tag des letzten Tawaf*

Weil ich am nächsten Tag nach Medina abreisen sollte, verbrachte ich diesen, meinen letzten Tag in Mekka, von frühmorgens bis spätabends in der Großen Moschee. Ich fühlte mich von allen Aufgaben befreit; ich konnte mich an der Schönheit berauschen wie ein Kunstliebhaber. Jeder Quadratmeter der Moschee war ornamentiert, mit Kalligraphien, mit Stuck oder Fries, mit abstrakten Mustern – es schien, als begleiteten die verzierten Wände und Decken die Pilger bei der Rezitation des Korans.

Das Grundprinzip war Symmetrie. Es begeisterte die Sinne, es feierte die Schöpfung und reflektierte in seiner strengen Form eine größere Wahrheit. Gott hat die Welt, wie der Koran mehrfach sagt, in richtiger Proportion geformt. Symmetrie ist mehr als nur eine ästhetische Regel, sie ist eine Qualität der göttlichen Schöpfung. Indem der Mensch die Regeln der Symmetrie und Proportion auf sein Leben überträgt, folgt er sozusagen Gottes Fußstapfen. Symmetrie als Tugend.

In den Mustern und Ornamenten des Islam, in den kleinen gleichmäßigen Einheiten, die auf Stoff und Marmor zusammenwirken und die von den Innenwänden zu den Außenwänden und von dort in die weite Welt hineingeschrieben werden, herrschen einige Grundprinzipien: Gleichgewicht, Wiederholung, Wechselbeziehung, Gleichförmigkeit. Keines der Elemente erfährt durch Perspektive oder Positionierung größere Bedeutung als die anderen, so wie kein Mensch höher steht als ein anderer. Die Motive werden unentwegt repetiert, so wie die Gebete beständig wiederholt werden. Der Mikrokosmos spiegelt sich im Makrokosmos. Das Geheimnis der Schönheit liegt in der verschlungenen und verwickelten Beziehung zwischen den gleichgewichtigen Teilen.

Um das gesamte Ornament zu erkennen, muß man außerhalb des Musters stehen. Die Schöpfung ist größer als die Summe aller Teile. So repräsentiert der Schmuck der Welt sowohl die göttliche Ordnung als auch die Verpflichtung zu ihr. Die islamische Kunst ist in allen ihren Formen ein einziger Lobgesang. Sie verdeutlicht die Unermeßlichkeit Gottes.

Aber mit welchem Effekt und mit welchem Ziel, dachte ich, als ich ein letztes Mal um die Kaaba kreiste, so langsam, wie ich nur konnte, um bewußt zu genießen, was sich dem Ende neigte. Die Schönheit lädt zur Kontemplation ein, das hatte ich an diesem wie an den Tagen zuvor erfahren. Sie fördert die Meditation, sie schärft die Sinne, um einen inneren Sinn, eine höhere Realität wahrnehmen zu können. Ibn Ishaq, der berühmte frühe Biograph des Propheten (saw), spricht davon, wie Islam in die Herzen jener eindrang, die dem Koran aufmerksam zuhörten, wie die Herrlichkeit der Poesie und der Rezitation durch alle Wände des Vorurteils und der Angst drang. Die Schönheit ist ein Dieb, der bei uns einbricht, um uns unserer behutsamen, kurzsichtigen und engstirnigen Existenz zu berauben.

Das Rezitieren des Korans, das Betrachten der Ornamente, das Lesen der Kalligraphien ist keine intellektuelle Erfahrung mit dem Ziel, Informationen zu sammeln oder Anweisungen zu erhalten, sondern eine Übung in spiritueller Disziplin. Disziplin ist ein oft übersehener Bestandteil der islamischen Ästhetik. Disziplin nährt Beständigkeit, und Beständigkeit ermöglicht Harmonie und Gleichgewicht, auf der Ebene der Kunst wie der eigenen Existenz. Disziplin ist das Gegenteil von der im Koran so heftig verdammten Heuchelei. Aber sie stellt die Menschen auch vor Aufgaben, die diese nur mit Mühe bewältigen. Und wenn sie das Ideal aus den Augen verlieren, verlieren sie an Schönheit. Wie ein Spiegel ewiger Wahrheit zeigt die Schönheit der Ornamente dem Menschen seine Mängel auf.

Aber wie kann man nach der Schönheit streben, die man mit den Augen und den Ohren wahrnimmt? Die geistigen Gaben, die Instrumente, mit denen man sich für die Gemeinschaft schön machen kann, sind Denken und Phantasie. Jeder Gläubige ist aufgefordert, allgemeine Wahrheit in persönliche Relevanz umzusetzen.

Denn Gott hört und sieht alles, wie im Koran oft festgestellt wird, die sinnlichen Wahrnehmungen des Menschen aber sind beschränkt. Daher erfahren die Offenbarungen des Korans zwei Brechungen. Zum einen wird göttliche Wahrheit in eine menschliche Form gegossen: die Sprache, ein – wie wir alle wissen – limitiertes Medium. Und zum anderen muß die universelle Botschaft von jedem einzelnen in seiner Individualität verstanden werden, mit all seinen persönlichen Prägungen und Begrenzungen. *Es ist eine Taubheit in euren Ohren,* sagt der Koran, *und ein Schleier liegt zwischen uns und euch.* Durch den Prozeß des Tafsir, der symbolischen Interpretation, soll der Mensch nach dem tieferen, dem inneren Sinn suchen. Tafsir bedeutet wörtlich, etwas zu seinen Anfängen oder Ursprüngen zurückzuführen. Der Koran fordert die Muslims auf, bei jedem heiligen Text von dem Äußeren (Zahir) zu dem geheimnisvollen Inneren durchzudringen. Dabei ist Phantasie das mächtigste Werkzeug. Mit ihrer Hilfe kann man die Zeichen der Schönheit lesen und sie in eine sinngebende Erfahrung übersetzen. So kann man die Versammlung der Gläubigen als ein Ornament erfahren, das größte und schönste aller islamischen Ornamente.

Die Symmetrie beginnt in einem selbst, in den eigenen Bewegungen und Handlungen. Am Ende des Tawaf Al-Wadaa, des Abschieds-Tawaf, betete ich, aufgelöst im Ornament der Jamaat. Aber kurz darauf begann ich, an eine der Säulen gelehnt, mich zurückzuziehen. Mein Blick schweifte noch einmal über die Kiswah, das Kreisen der Pilger, das Schimmern der Lichter, bemüht, die Erinnerung mit Proviant zu versorgen. Ich spürte einen starken Widerwillen, diesen Ort zu verlassen. Die Große Moschee war ein überwältigender Platz, zu dem ich eine persönliche Beziehung entwickelt hatte, der mir zur Heimat geworden war – im Gebet, in Gedanken und vor allem in der Phantasie.

*Während aller meiner Reisen genoß ich niemals eine solche Ruhe wie zu Mekka.*

Alles scheint in Paaren geordnet zu sein, in binären Strukturen zu verlaufen. Man ist entweder im Gebet oder außerhalb des Gebets. Man bewegt sich und nimmt Bewegung wahr; oder man steht still und nimmt den eigenen Stillstand wahr. Man ist im Ihram, aus den üblichen Normen ausgetreten und äußerlich allen anderen gleich; oder man ist im Ihlal, in der Rücknahme der Umkehrung, und gemäß seiner eigenen Herkunft und Persönlichkeit gekleidet.

Die Tage in Mekka vergehen mit außergewöhnlicher Klarheit. Der Pilger lebt eine Kompromißlosigkeit, die im Alltag unmöglich ist. Er verspürt eine Ahnung von einem perfekten religiösen Leben, einem einfachen, geordneten, zielstrebigen, reinen Leben. Eigentlich sollte er diese Einsicht nach der Rückkehr auf seinen Alltag anwenden, und es gibt auch einige, die ihr Leben nach einer Hadsch verändern. Die meisten aber kehren zum Gewohnten zurück und behalten die Hadsch in magischer Erinnerung, wie einen wunderschönen, beglükkenden spirituellen Urlaub.

# *Reise nach Medina*

Obwohl Hamidbhai uns einen Zettel mit der Adresse mitgegeben hatte, war es nicht einfach, die Bushaltestelle zu finden. Es war mitten in der Nacht, und unsere unklare Wegbeschreibung traf auf einen übelgelaunten Taxifahrer. Mekka wirkte nachts wie Los Angeles oder Singapur, ein Netz von Stadtautobahnen, Überführungen, Ausfahrten, Kreuzungen, kalt beleuchtet und ohne Verheißung. Vorne versuchte Amir radebrechend den Taxifahrer zu dirigieren. Wir hatten uns von der Gruppe getrennt, weil wir aus unterschiedlichen Gründen nicht weitere zwei Wochen in Mekka bleiben wollten. Als Hamidbhai mir mein Flugticket aushändigte, schärfte er mir ein, ihn auf jeden Fall anzurufen, bevor ich von Medina nach Dschidda aufbrach. Ich steckte das Ticket ein, ohne es anzuschauen oder es mit ihm zu besprechen. Das sollte sich als Fehler herausstellen. Der Taxifahrer hielt auf der rechten Spur an und deutete auf einen Parkplatz gegenüber. Es würde weitere fünf Minuten dauern, mit dem Taxi auf die andere Straßenseite zu gelangen, also stiegen wir aus, ergriffen unser Gepäck (Zam-Zam-Wasser in einem Zehnliterkanister war hinzugekommen) und kletterten über die Brüstung, das einzige Hindernis auf dem Weg nach Medina.

Eine Stunde später fuhr unser Bus ab. Auf den unbequemen Sitzen konnte man nicht schlafen. Wir hielten irgendwo in der Wüste an einer Moschee-Raststätte für das Fadschr-Gebet. Bald darauf offenbarte sich die Landschaft aus Andeutungen heraus, und solange das Morgengrauen die abgenagten Hügel mit sanften Farben drapierte, war sie verführerisch. Nach einer Stunde war der Zauber verflogen – rostrote Erhebungen begleiteten uns zur zweiten heiligen Stadt.

Im Gegensatz zu Mekka liegt Medina in einer fruchtbaren, nach Süden hin offenen Ebene, die überwiegend mit Dattelpalmen bepflanzt ist. Gegen zehn Uhr erreichten wir den riesigen Busbahnhof am Rande der Stadt, wo wir zwei Stunden festsaßen, als wären wir zu verzollendes Gut. Wir wurden im Ungewissen gelassen, aber bestens verpflegt mit einer weiteren Ration Milch, Saft, Keksen und Kuchen.

Die Unruhigeren unter uns liefen vor dem Bus auf und ab. Ein würdiger älterer Herr, der besorgt und niedergeschlagen wirkte, hielt die Warterei kaum aus und mußte am selben Abend noch zum Flughafen nach Dschidda weiterreisen. Er war mit seiner unverheirateten Tochter unterwegs. Die Eile war durch ein Unglück bedingt – er war seines ganzen Geldes beraubt worden. Bei der Steinigung des Teufels war ihm jemand auf seinen lädierten linken Fuß getreten, und in dem Schmerz hatte er nicht bemerkt, wie sein Geldgurt, den alle Pilger unter dem Ihram tragen, von hinten durchgeschnitten wurde. Erst nach der Steinigung, als er sich aus der Menge befreite, fiel ihm auf, daß der Gurt nicht mehr an seinem Bauch anlag. Es war eine traurige Geschichte, aber sie gewann an unfreiwilliger Komik, als der Mann erzählte, er sei vor seiner Pensionierung der stellvertretende Polizeichef von Kaduna gewesen.

Wir standen im Schatten des Busses, und der Frust des nigerianischen Hadschis ergoß sich über die Wartenden.

Was ist aus dieser Welt nur geworden, klagte er, wenn selbst im Haus Gottes geklaut wird. (Trotz der drakonischen Strafen!)

Schlimmer noch, empörte er sich, er habe persönlich gesehen, wie ein Raubversuch während des Tawaf schiefgegangen sei, wie das Messer den Pilger aufgeschlitzt habe und dieser an Ort und Stelle bald darauf verblutet sei. Aber des Menschen Schlechtigkeit sei nicht auf Saudi-Arabien beschränkt. Der Mann begann von Nigeria zu erzählen, von dem Wahn, den manche Anführer entfacht hatten, indem sie Religion für persönliche Ziele mißbrauchten.

Junge, arbeitslose Männer werden zur Randale angestiftet, sie werden bestochen, Geschäfte und Häuser in Brand zu setzen, zu plündern. Der eskalierende Konflikt wird zum religiösen Kampf deklariert, und die ganze Welt nimmt das für bare Münze. Eine kleine Oberschicht schürt diesen Konflikt. Die Religion hat keinen Einfluß auf die Unmoral der Politik, aber sie läßt sich von den Politikern bestens mißbrauchen.

Der tiefe Schmerz dieses ernsthaften Mannes war ansteckend: Er war aus einem Land der permanenten Gewalt und Unordnung in eine vermeintliche Oase gereist, nur um im Heiligtum selbst vom Bösen eingeholt zu werden.

Nach zwei ruhelosen Stunden fuhren wir nach Medina hinein und hielten vor dem National Adilla Establishment, einem Amt, wie ich mir zusammenreimte, das die Pilger zu beaufsichtigen und ihre Papiere zu verwalten hatte.

Keiner im Bus wußte, wie es weitergehen sollte. Ein Tunesier, der schon seine dritte Hadsch beging, erklärte zuversichtlich, der Bus würde uns bis zu unseren Hotels bringen. Ein junger Saudi-Araber schwebte herbei, nahm Kenntnis von unserer Ankunft und verschwand sogleich wieder. Bei seinem zweiten Auftauchen konnte er uns nur begreiflich machen, daß er kein Englisch sprach. Der Busfahrer, der vielen Fragen überdrüssig, steigerte sich in eine Trotzphase hinein, kletterte auf das Dach und begann, unser Gepäck herunterzuwerfen, während weitere Amtsträger vorbeischauten und auf alle Fragen eine Antwort schuldig blieben. Der Nigerianer wurde von einem Mitglied des örtlichen Hadsch-Büros seines Landes in ein Auto gepackt und weggefahren. Amir und ich nahmen ein Taxi zu unserem Hotel. Es war noch besser gelegen als jenes in Mekka – direkt gegenüber der Großen Moschee! Ein weiteres Mal versöhnte uns der Anblick der Haram al-Sharif mit dem Verhalten der Menschen.

Es gibt keine Verpflichtung nach Medina zu pilgern, wohl aber einen sehr guten Grund: die Masjid an-Nabi, die Moschee des Propheten (saw), in der er selbst zusammen mit den beiden ersten Kalifen Abu Bakr und Umar begraben liegt. Die Moschee ist ein flacher geräumiger Bau mit acht schlanken Minaretten. Die angedeuteten Spitzbögen, abwechselnd in rosafarbenen und grauen Steinen ausgeführt, weisen eine gewisse Ähnlichkeit mit romanischer Architektur auf. Das Grab des Propheten befand sich auf der Südseite, unter einer berühmten grünen Kuppel. Die Wahhabiten sollen versucht haben, diese Kuppel zu zerstören, denn der Prophet (saw) war nur ein Mensch, weswegen sein Grab nicht angebetet werden sollte. Aber zwei der Arbeiter stürzten vom Dach, was als göttliches Zeichen gewertet wurde, das Grab unbeschädigt zu lassen.

Andere Kulturschätze wurden allerdings mangels himmlischer Zeichen nicht verschont: Einst wies die Qiblatayn-Moschee zwei Qibla auf – ein besonderes historisches Merkmal, denn der Prophet (saw) hatte das Gebet zuerst nach Norden gewandt, in Richtung Jerusalem, so wie es die Juden praktizierten, bevor er im zweiten Jahr der Hidschra das Gebet gen Mekka richtete. Die Wahhabis, die der Geschichte mehr mißtrauen als ihrem ärgsten Feind, hatten diesen bedeutsamen Ausdruck der Meinungsänderung des Propheten (saw) überbaut – denn es kann nicht sein, was nicht sein darf.

Um die ganze Moschee herum erstreckte sich ein gewaltiger Platz, der unentwegt gesäubert wurde von Tennant-Fahrzeugen der Saudi Bin Laden Group, die vorsichtig zwischen den Schluchzern der betenden Hadschis hindurchfuhren. An der Nordseite schloß sich eine Reihe gleichförmiger, moderner kubischer Bauten an – langweilige Betonblocks, die der Tradition mit einigen Gitterfenstern eine obligatorische Reverenz erwiesen. Die meisten dieser Bauten beherbergten Hotels: Hilton, Intercontinental und Sheraton. Das Viertel versprühte den auf Plänen entwickelten Charme von Berlin-Mitte. Dahinter war das historische Medina zu erahnen, in dem Gewirr von grauen, gesichtslosen Häusern, die von einem kahlen Gebirge Rückendeckung erhielten. An der Ostseite hingegen begann der altmodische Basar, in dem sich die meisten Hadschis zwischen den Gebeten aufhielten.

Eigentlich gelten die Einwohner Medinas seit den Zeiten des Propheten (saw) im Vergleich zu denen von Mekka als freundlich – etwas, das allen Muslims bekannt ist, auch wenn sie noch nie in diesen zwei Städten waren –, und tatsächlich, die Atmosphäre in Medina war entspannter, der Umgang im Basar herzlicher. Doch der Betreiber unseres Hotels, fett an Groll und Grimm, war die Ausnahme. Er saß in seinem schmutzigen Überhang an der Eingangstür und rauchte eine Zigarette nach der anderen, während er die Welt beäugte, die sich ihm teuer aufdrängte, ohne daß er die geringsten Anzeichen von Höflichkeit oder Gastfreundschaft aufbieten mußte. Sein persönlicher Stil hatte auf die Mitarbeiter abgefärbt, eine Kollektion saudi-arabischer Kauze, die sich von der Erhabenheit des Ausblicks und des Anlasses überhaupt nicht anstecken ließen. Die redselig ausgelassene Stimmung der Hadschis verflüchtigte sich beim Eintreten – die Lobby wurde schnell durchquert – und stellte sich erst wieder im Lift ein.

Amir und ich teilten das Zimmer mit einem Methusalem, der sich den Magen verdorben hatte. Das raubte ihm zwar den Schlaf, nicht aber die Kraft, zu jeder Tages- und Nachtzeit lautstark aus dem Koran zu rezitieren. Der alte Mann weckte uns am nächsten Tag mit kräftiger Sure um vier Uhr in der Früh, als bestünde die akute Gefahr, daß wir das Fadschr-Gebet, das um halb sechs erfolgte, verpassen könnten. Am ersten Morgen wusch ich mich automatisch, ohne nach der Uhrzeit zu fragen, und eilte im Halbschlaf zum Gebet, nur um eine völlig leere Moschee vorzufinden. Die Uhr über dem Eingang stand auf Viertel nach vier, und die Putzleute blickten mich erstaunt an.

Die Strömung vor den Gräbern war so stark, daß wir wie Treibholz an ihnen vorbeigeschwemmt wurden. Amir klammerte sich an dem Gitter fest, um seine wichtigsten Gebete zu sprechen, ich aber ließ mich treiben. Später lagen wir ausgestreckt auf dem weichen Teppich mitten in der Großen Moschee.

Wenn du im Basar die 4. Kalima einmal aufsagst, bemerkte Amir unvermittelt, erhältst du 125 000 Bonuspunkte. Weißt du wieso? Weil die Menschen im Basar am meisten vom Glauben abgelenkt sind.

Er schwieg eine Weile, bevor seine nachdenkliche Stimme mich weiter in die Buchhaltung der Gebete einführte:

Ein Gebet hier gilt so viel wie 1000 Gebete im Alltag. Und unsere Gebete in der Haram al-Sharif in Mekka waren 100 000mal mehr wert. Dabei ist es einfacher hier zu beten als im Alltag. Eigentlich sollten wir 8 Tage in Medina bleiben, damit wir die gesegneten 40 Gebete zustande bringen. Aber ich habe keine Zeit. Eine lausige Entschuldigung, nicht wahr? Ein Sheikh hat mir mal die Geschichte erzählt von einem, der keine Zeit hat. Er wollte das Salat-u-Tasbiih lernen – ein langwieriges Gebet, bei dem man die 3. Kalima innerhalb von 4 Rakas spricht, und dies 75mal wiederholt. Dieser Mann bat also seinen Onkel, ihm das Gebet beizubringen. Als er von den 75 Wiederholungen hörte, protestierte er:

Das kann ich doch nicht jeden Tag beten.

In Ordnung, lenkte der Onkel ein, dann einmal die Woche.

Was, jede Woche?

In Ordnung, beschwichtigte ihn der Onkel, wenn dir das zu viel erscheint, dann bete nur einmal im Monat.

Jeden Monat?

Okay, einmal im Jahr.

Muß es jedes Jahr sein? fragte der Mann, der keine Zeit hatte.

Ist schon gut, sagte sein Onkel, bete es wenigstens einmal im Leben.

Da wir nicht mehr in einer Gruppe reisten, mußten Amir und ich uns selbst um die behördlichen Formalitäten kümmern. Am Abend des Ankunftstages begaben wir uns, wie uns empfohlen worden war, zum Büro des National Adilla Establishment. Uns wurde beschieden, wir sollten am nächsten Tag wiederkommen. Am nächsten Morgen – der Himmel war seltsam zerfasert, manche Wolken ähnelten Fingerabdrücken, andere zerfetzten Blättern – spazierten wir erneut dorthin. Wir wurden darauf hingewiesen, daß das Mittagsgebet nahe und unser Anliegen erst danach behandelt werden könne. Am Nachmittag wollte ein junger Mann hinter dem Schalter uns auf die Zeit nach dem Nachtgebet vertrösten, aber wir blieben stur, frustriert und zudem unter Zeitdruck, denn Amir mußte in derselben Nacht von Dschidda aus abfliegen. Wir wurden davon in Kenntnis gesetzt, daß sich viel Arbeit aufgetürmt habe, und zur Verdeutlichung eröffnete man mir einen Blick in das Büro, wo ich beachtliche Haufen von Pässen und Papieren erblickte, aber auch einen Mann, der mit dem Kopf auf den verschränkten Armen am Schreibtisch döste, sowie eine Gruppe von Beamten, die eifrig diskutierten.

Wir verbrachten vier Stunden in dem klimatisierten Büro. Ich lernte die Schilder an der Wand auswendig, auf denen in arabisch und englisch der Stolz zum Ausdruck gebracht wurde, sich um die Hadschis kümmern zu dürfen, gefolgt von dem Versprechen, immer das Wohlbefinden und den Komfort der Pilger im Auge zu behalten. Jedesmal, wenn Amir oder ich aufstanden und an den Schalter traten, wurde uns unwirsch mitgeteilt, wir sollten uns gedulden. Ein übergewichtiger junger Mann rief uns schließlich zu sich, damit wir unsere

Pässe aus einer Plastiktüte heraussuchten. Mein deutscher Paß wäre inmitten der indischen Dokumente farblich aufgefallen, aber alle Pässe steckten in einer Schutzhülle von Cosmic Travels, und so mußten wir fast alle Pässe aufschlagen, ehe wir unsere gefunden hatten. Danach durften wir uns wieder hinsetzen. Als wir erneut vertröstet werden sollten, klagten wir dem Beamten unser Leid, und unsere laute Empörung führte uns schnurstracks zu mehreren Vorgesetzten, darunter zu einem hochgewachsenen Mann, unter dessen weißem Kopftuch ein schmales Gesicht und eine ehrliche Entschuldigung hingen. Er überprüfte unsere Pässe und Tickets aufmerksam und entdeckte, daß Amirs Flug nicht rückbestätigt war, so daß dieser zusammen mit einem der Beamten zum Air-India-Office fahren mußte, um die fehlende Bestätigung schriftlich einzuholen.

Ich wartete derweil, und mit mir warteten zwei Beamte auf der anderen Seite des langgezogenen Schalters. Ich stand auf, zeigte auf die Tafel, zeigte auf mich und zuckte mit den Schultern. Das provozierte eine schläfrige Belustigung. Der Vorgesetzte mit den eingefallenen Wangen hastete hin und her. Amir kam erledigter Dinge zurück, die Zuständigen, die wir kannten, verschwanden, ersetzt von anderen, denen unser Fall erst schmackhaft gemacht werden mußte. Etwa eine Stunde nach Sonnenuntergang – Amir hatte mir schon mindestens fünfmal erklärt, wieso er unbedingt übermorgen zur Arbeit erscheinen müsse –, übergab uns der Vorgesetzte mit dem schmalen Gesicht zwei Schriftstücke, auf denen unsere Namen, unsere Paßnummern und das Datum unseres Abflugs vermerkt waren. Das war alles, was wir benötigten. Mit diesem Papier durften wir Medina verlassen, auf dieser Grundlage würden wir unsere Pässe am Flughafen zurückerhalten. Der Mann bat uns, mindestens zwanzig Stunden vor dem Abflug von Medina aus aufzubrechen, entschuldigte sich erneut bei uns und verabschiedete sich stilvoll. Wir hatten gerade noch ausreichend Zeit, Amirs Gepäck im Hotel abzuholen und uns hastig zu verabschieden.

Am nächsten Tag fühlte ich mich einsam, ausgelaugt und lustlos. Nach dem Mittagsgebet las ich ein wenig im Koran und schlief in der fast leeren und erstaunlich kühlen (eiskaltes Wasser zirkuliert unter dem Boden) Großen Moschee ein. Ich wurde geweckt von einem Laken Licht, das über meinen Körper gezogen wurde. Die goldene Kuppel glitt fast geräuschlos zur Seite und ein quadratisches Atrium entstand, in dessen Mitte ich lag, aufgerüttelt von den nachmittäglichen Sonnenstrahlen, die aus einem wolkenlosen Himmel auf mich hinabpeitschten.

Beim Abendessen – ich saß mit meinem Schawarma auf den Treppen, die von dem Platz der Großen Moschee in den Basar hinabführten – sprachen mich zwei britische Muslims an.

Kennst du die neuesten Fußballergebnisse?

Ich erklärte ihnen, daß ich aus Indien stamme und daher keine Ahnung hätte von Fußball, aber wenn sie sich über Kricket unterhalten wollten ... Die beiden Männer reagierten ungläubig. Sie waren aus Bradford und fieberten mit einem Verein mit, von dem ich nie zuvor etwas gehört hatte. Sie forderten mich auf, ebenso ehrlich von meiner Herkunft zu berichten. Ich beteuerte, ein Inder zu sein, und sie waren von dieser Behauptung so fasziniert, daß sie sich wenige Minuten später – auch mit Fast food versehen – zu mir setzten und mich auszufragen begannen. Ich berichtete von dem Leben in Bombay, sie schüttelten aber den Kopf.

Du kannst kein Inder sein.

Wieso? fragte ich.

Du bist zu hell.

Du hast eine Obsession mit Hautfarbe, sagte ich zu dem Älteren, und er lachte. Er stimmte mir zu, wollte aber dennoch genauer wissen, woher meine Familie ursprünglich stamme, woraufhin ich ihm, nicht gänzlich aus der Luft gegriffen, von zentralasiatischen Vorfahren erzählte. Das beruhigte ihn.

Die beiden Männer waren wie ich im Aufbruch begriffen, sie trugen Plastiktaschen mit den letzten Einkäufen. Sie hatten die Hadsch ähnlich erlebt wie ich: überwältigend an der Kaaba, intensiv am Berg Arafah und ernüchternd im Alltag. Sie empfanden das Verhalten vieler Muslims als Zumutung, die Handys, das Drängeln, die Unhöflichkeit.

Lack of civility, meinte der eine.

Wir unterhielten uns über das Leben in England, und obwohl den beiden vieles mißfiel – zur Schau gestellte Nacktheit, Rassismus, Alkoholismus –, äußerten sie ihre Wertschätzung für die dortige Bürgergesellschaft und den noch existierenden Gemeinsinn.

Es mag paradox erscheinen, meinte der Ältere, aber manche Ideale des Islam sind im Westen eher verwirklicht.

Auf dem gewaltigen Busbahnhof von Medina – Stunden unverständlicher Warterei befürchtend – wandte ich mich hilfesuchend an einen jungen Offiziellen, der sich meiner sofort annahm. Während er mich zum richtigen Büro führte, meinte er, nicht unfreundlich, dies sei eigentlich nicht seine Arbeit, aber er wolle mir trotzdem helfen. Nur eine kleine Bitte habe er, wenn ich mich erkenntlich zeigen wollte.

Ja, natürlich, sagte ich.

Bete für mich. Bitte bete für mich.

Bist du denn verheiratet? fragte ich, auf eine plötzliche Eingebung hin.

Nein, sagte er, aber ich wünsche es mir so sehr.

Ich werde dafür beten, daß du eine gute Ehefrau findest.

Er schenkte mir ein kleines, aber warmes Lächeln und verabschiedete sich.

# *Abflug*

Am Flughafen in Dschidda erlebte ich mehrere Untergänge: Ein saudi-arabischer Offizieller schrie uns an, weil wir es gewagt hatten, in dem Haufen, den er auf einen Stehtisch ausgeleert hatte, nach unserem Paß zu suchen. Er wollte es ordentlich haben, einen Paß nach dem anderen. Er schlug einen der Pässe auf, blickte uns reihum ins Gesicht und gab diesen an seinen Eigentümer. Während dieser zeitaufwendigen Zeremonie, fürchtete ich, mein Paß sei vielleicht doch nicht von dem Büro in Medina zum Busbahnhof gelangt oder er sei nicht dem richtigen Busfahrer mitgegeben worden. Ich hatte eine beängstigende Vision, daß er irgendwo in einem Fach lag, verloren zwischen den Pässen von neunundneunzig Usbeken. Der Offizielle blickte mich an und warf mir einen Ausweis in der grünen Schutzhülle von Cosmic Travel zu. Ich riß ihn auf: Das Foto zeigte mich, mit mehr Haaren auf dem Kopf und weniger Bart am Kinn, aber es war eindeutig ich. Erleichtert schleppte ich mein Gepäck zum nächsten Schalter – das Zam-Zam-Wasser mußte eingeschweißt werden.

Meine Zuversicht schwand rapide, als ich bei Air India erfuhr, ich müsse zu den Charterflügen am Ende der Halle gehen, und auf dem Weg dorthin schon von weitem eine gewaltige Menschenmenge erblickte, die zwei Check-in-Schalter belagerte. Von nahem zeigte die Menge ihr Gesicht: Drei Gruppen standen sich auf den Füßen, eine Schar Afghanen (nur Männer), eine Reisegruppe Türken (überwiegend Männer) und eine Jumbo-Jet-Ladung Inder (zur Hälfte Männer, zur Hälfte Frauen). Die Afghanen warteten vor dem linken Schalter und waren durch eine eiserne Barrikade von den anderen getrennt. Sowohl die Türken als auch die Inder hatten den zweiten Schalter im Visier. Die Türken sollten nach Köln fliegen, so viel wurde angezeigt, den Rest erfuhr ich bruchstückhaft zwischen Flüchen und Drohungen: Die Maschine hatte erhebliche Verspätung, der planmäßige Abflug hätte am Tag zuvor erfolgen sollen. Nun drängten die Inder, deren Flugzeug bereitstand, nach vorne, um ihr Gepäck aufzugeben, wurden aber von den Türken daran gehindert. Das Flugzeug aus Köln war vor kurzem gelandet, und die Türken befürchteten, noch länger warten zu müssen, wenn sie ihre Position aufgaben. Die Inder – flexiblen Lösungen nicht abgeneigt – hatten begonnen, ihr Gepäck über die rechte Barrikade zu werfen, so daß sich, als ich ankam, ein Hügel von grünen Taschen vor der Sperre auftürmte. Es schien, als würden Morgenland und Abendland gemeinsam untergehen.

Dann sah ich etwas, das mich enorm erleichterte: Hamidbhai saß auf der Waage des Schalters, die Arme auf den Oberschenkeln abgelegt. Aber so ruhig er dasaß, wie ein Mandarin auf einem ungewohnten Thron, so aggressiv und chaotisch war das Treiben der Männer um ihn herum. Flughafenmitarbeiter, Air-India-Bodenpersonal sowie die Reiseleiter der türkischen und der indischen Gruppe schrien sich gegenseitig an.

Ich drängte mich durch die Beschwerden der Türken zum Schalter vor und begrüßte Hamidbhai mit Aplomb, der keinerlei Wiedersehensfreude zeigte, sondern nur verstört meinte: Was machst du denn hier?

Ich deutete auf mein Ticket.

Nein, er schüttelte den Kopf, nein, das war nur pro forma, damit die Behörden dich aus Medina herauslassen. Ich habe dir doch gesagt, du sollst mich anrufen, bevor du losfährst. Du hast gar keine Buchung.

Es fiel mir schwer, mich auf den Beinen zu halten.

Und was machen wir jetzt?

Bete und warte. Mal sehen. Wenn es nicht klappt, kommst du mit uns nach Mekka zurück.

Ich blickte mich um: Die wütenden Gesichter der Türken, die ruhige Unverschämtheit der Inder, die langsam den engen Raum infiltrierten, die Gepäckberge – es schien nicht gerecht, all dies umsonst zu erleiden.

Das Einchecken der Afghanen hatte begonnen. Sie standen diszipliniert und ruhig in einer Schlange, doch nachdem sie ihr Gepäck aufgegeben hatten, war ihnen der Rückweg von den vielen Zam-Zam-Behältern versperrt, so daß sie auf die Lösung verfielen, über die Barrikade zu steigen und sich einen Weg durch die gereizten Türken zu bahnen. Es war bemerkenswert – die Türken, die über jede Bewegung der Inder protestierten, akzeptierten die Aufdringlichkeit der Afghanen stumm. Der Streit am Check-in-Schalter eskalierte, zwei Männer begannen sich zu prügeln. Die anderen schlichteten, die unterschiedlichen Interessenten zogen sich zeitweilig zurück. Auf deutsch sagte eine Stimme in der Nähe: Das ist verrückt, völlig verrückt.

Ich drehte mich um und erblickte einen Herrn mit Ziegenbart, wohl ein Konvertit, der inmitten der Positionskämpfe von Türken, Afghanen und Indern auf verlorenem Posten stand.

Als die Frage, wer als nächster einchecken durfte, geklärt war – unser Flug hatte sich durchgesetzt –, mußten die Inder das aufgestapelte Gepäck ein weiteres Mal umladen. Die jungen Männer bildeten eine Brigade und trugen das Gepäck von der rechten Seite zur linken, wobei sie die türkische Ballung mitten im Raum mieden wie einen gefährlichen Sumpf. Leider kamen ihnen aber auf dem Weg zum Schalter einzelne Afghanen entgegen, denen sie ausweichen mußten. Die Inder knallten gegen die Barrikade, die Afghanen stolperten über die Taschen, und die Türken beobachteten all dies, ohne Platz zu machen oder zu helfen – sie waren keineswegs gewillt, ihren Grimm abzuschwächen. Ich machte Anstalten einige Zam-Zam-Kanister nach vorne zu schleppen, doch die jungen Männer meinten, zuerst müsse das restliche Gepäck aufgegeben werden. Die Taschen und Kartons wurden weder gewogen noch einem Ticket zugeordnet, sondern nur mit einem Aufkleber versehen und nach hinten hinausgetragen.

Am Ende war alles leicht. Die Afghanen waren verschwunden, die indische Gepäcklawine war nur mehr ein Steinschlag, und die zweite Waage unseres Schalters wurde benutzt, um die ersten türkischen Taschen entgegenzunehmen. Ich hatte während der ganzen Zeit nervös jede Handlung von Hamidbhai beobachtet, in der vergeblichen Hoffnung, etwas über meine Aussichten ablesen zu können. Er löste sich von der Schar am Schalter und setzte sich etwas abseits auf den Boden, neben ihm sein Assistent. Gemeinsam teilten sie die Bordkarten aus. Ich hielt mich zurück, bis er mich erblickte und anlächelte.

Bleib' in Kontakt, sagte er, laß dich in Bombay mal blicken.

Dann überreichte er mir eine Bordkarte, mit einer ihm eigenen, bedächtig nebensächlichen Geste. Ich hätte ihn umarmen können. Erst im Flugzeug stellte ich fest, wie gut er es wieder einmal mit mir gemeint hatte. Es war typisch für Hamidbhai. Zuerst schien es lange Zeit so, als würde ich zurückbleiben, und dann flog ich Erster Klasse.

Die Stewardeß war verwirrt und überfordert. Obwohl sie mehrfach kundgetan hatte, daß aus sicherheitstechnischen Gründen das Beten im Gang nicht erlaubt sei, stand ein Hadschi nach dem anderen auf, für das kurze

Maghrib-Gebet, das genau in Richtung Bug zu verrichten war, weil wir Mekka den Rücken kehrten. Jedesmal, wenn sie versuchte, diese sonderbaren Passagiere an das Verbot zu erinnern, wurde ihr bedeutet, es dauere nur Ek Minit, eine läppische Minute. Eigentlich darf man in solchen Situationen auch im Sitzen beten, aber als frischgebackene Hadschis war uns nicht nach bequemen Kompromissen zumute.

Zu meiner Überraschung bestand die Besatzung nicht aus Muslims – unsere Stewardeß etwa trug einen Parsee-Namen. Sie erkundigte sich, wann sie das Abendessen am besten servieren sollte, und sie fragte interessiert nach der Hadsch. Aber die Art, wie sie uns anblickte, sprach von der befremdlichen Exotik, die wir verströmten. Ein alter Mann, der vor mir saß, wurde aufgefordert, ein Gebet über das Bordmikrophon zu sprechen, und ein letztes Mal steigerten wir uns gemeinsam in eine überwältigte Erregung, wie zuletzt am Berg Arafah. Dann wurde das Essen serviert, die Dunkelheit schluckte uns, und die Hadschis schlummerten ein.

Da mein Sitznachbar keine Neigung zur Konversation zeigte, blätterte ich mein Notizbuch durch und las Fotokopien mit Texten früherer Hadschi-Autoren. Ich spürte eine Brüderschaft (und Schwesternschaft: die Begum von Bhopal hat eine der interessantesten Beschreibungen verfaßt) mit den Muslims, die Zeugnis abgelegt, und mit den Christen, die Bericht erstattet hatten. Von den vielen Büchern, die ich über die Hadsch gelesen hatte, ragte jedoch eines heraus, nicht wegen seiner inhaltlichen Kompetenz oder seiner sprachlichen

Kunst, sondern wegen seiner kuriosen Popularität. Seit mehr als einem Jahrhundert hat dieser Text die Vorstellung deutscher Leser vom Islam im allgemeinen und der Hadsch insbesondere geprägt: Karl Mays »Durch die Wüste«. Über Karl May mit heutigen Maßstäben zu urteilen, wäre ungerecht – er ist in seiner Haltung gewiß nicht hochmütiger gewesen als andere westliche Autoren bis in unsere Tage hinein; im Vergleich zu V. S. Naipaul etwa erscheint er einem geradezu als ein Vorbild an kulturellem Einfühlungsvermögen. Auch könnte man ihm zugute halten, daß er die Fremde benutzt, um die Phantasie anzuregen, nicht aber, um sie zu entlarven, zu diskreditieren oder zu verdammen. Gewiß, der Islam ist bei ihm eine dem Christentum unterlegene Religion, aber als Held dient ein Mann, der aus profunden Kenntnissen heraus beobachtet und urteilt und der die anderen Sitten respektiert, wenn auch nicht immer gutheißt.

Ich las erneut die verblüffend kurze Szene, in der Kara ben Nemsi versucht, der Hadsch beizuwohnen. Sein dramatisches Scheitern war angelehnt an die Erlebnisse eines Franzosen namens Léon Roches, der viele Ähnlichkeiten mit dem Helden Karl Mays aufwies: Er sprach ausgezeichnet Arabisch, er hielt sich lange im Maghrib auf, er verliebte sich in eine unglücklich verheiratete junge Araberin, er trug stets einheimische Kleidung, und er konnte es nicht über sich bringen, die gesamte Hadsch als Pilger maskiert zu unternehmen, weil dies, in den Worten von Kara ben Nemsi, »eine Versündigung gegen unsern Glauben« gewesen wäre. Sowohl das reale Vorbild als auch die literarische Figur waren also bestrebt, die Hadsch zu beobachten, und nicht, an ihr teilzunehmen. Am Tag seiner Nemesis begegnete Roches alten Feinden aus Algerien. Er verlor sie wieder aus den Augen, aber von da an fühlte er sich unwohl in seinem Ihram. Kurz nach Sonnenuntergang wurde er genauso wie Kara ben Nemsi aufgeschreckt durch die Rufe: »Ho, der Giaur! Fangt den Giaur! Ungläubiger, Sohn eines Ungläubigen!« Doch während Kara ben Nemsi sich selbst vor der Urgewalt der wütenden Meute rettete – »das Getöse eines Wasserfalls, das Geheul eines Sturms, das Stampfen und Trampeln einer nach Tausenden zählenden Büffelherde« –, wurde Léon Roches von sechs kräftigen schwarzen Sklaven, die aus dem Nichts auftauchten, gepackt, gefesselt und auf ein Kamel gehievt. Er dachte, er sei verloren, in Wirklichkeit aber war gerade sein Leben gerettet worden. Denn die sechs Sklaven waren von dem Sharif von Mekka ausgesandt worden, um ihn zu behüten, und durch die vorgebliche Verhaftung konnten sie den Zorn der Menge beruhigen. Kurz darauf wurde er in einem schnellen Ritt nach Dschidda gebracht und auf ein auslaufendes Schiff gesetzt.

Erstaunlich, daß Karl May an der spannendsten Stelle von der Vorlage abweicht. Im Roman galoppiert der Held auf einem Kamel durch die Wüste, der Bösewicht ist ihm auf einem flinken Pferd auf den Fersen, und es folgt ein einfallsloser Showdown mit Schießerei. Im Falle von Léon Roches aber hatte die höchste Autorität Mekkas, in Absprache mit dem Kadi, den fremden

Frevler geschützt – eine beachtliche Umkehrung des Mythos von den fanatischen Muslims und der Lebensgefahr, in die sich ein Christ in Mekka begibt. Diese Auflösung der Geschichte hätte wohl dem Image von Kara ben Nemsi als Übermensch unter noblen, aber niemals gleichwertigen Fremden geschadet. Manches ist der Autor seiner Zeit schuldig – Kara ben Nemsi ist progressiver, als Karl May es sein konnte.

# *Rückkehr*

Wir warteten auf unser Gepäck. Ich hatte niemanden über den Zeitpunkt meiner Rückkehr informiert, alle anderen Hadschis wurden aber sehnsüchtig erwartet. Jenen, die einen der Flughafenmitarbeiter kannten, wurden schon in der Gepäckhalle die Hände geküßt, als seien sie mit etwas Heiligem aufgeladen. Burhan schimpfte mich am nächsten Tag aus, weil ich meine Ankunftszeit nicht mitgeteilt hatte; es sei Sitte, den Hadschi abzuholen. Aber ich wollte ihm keine schlaflose Nacht bereiten, und zudem freute ich mich auf eine einsame Fahrt nach Hause. Hunderte von grünen Taschen rollten vorbei, und zwischen ihnen gelegentlich größere Kartons, deren Aufkleber von Stereoanlage oder Fernseher sprachen. Allein was fehlte war das Zam-Zam-Wasser. Ich wartete bis vier Uhr in der Früh. Als ich merkte, daß einige Pilger ohne Wasser aufbrachen, erkundigte ich mich.

Das Zam Zam sei nicht mitgekommen, meinte einer aus dem Reisebüro. Er habe gerade eben mit Hamidbhai telefoniert. Es würde mit einem der nächsten Flüge mitgeschickt werden.

Doch leider kam es nie an, trotz meiner vielen Anrufe bei Air India. Ich tröstete mich mit dem Gedanken, daß meine zehn Liter einen anderen Hadschi nach Mauretanien oder Malaysia begleitet hatten.

Ich schulterte mein leichtes Gepäck, trat hinaus, stieg in ein Taxi und lehnte mich zurück. Auf einmal spürte ich, daß ich seit drei Wochen nicht mehr richtig geschlafen hatte. Ich war so voller Eindrücke, es würde Monate dauern, sie zu verarbeiten. Gerade als wir die Brücke vor unserem hohen Wohnhaus überquerten, erhob der Muezzin der roten Moschee am Bahnhof von Bombay Central seine Stimme und forderte die Gläubigen zum Morgengebet auf.

Beten ist besser als schlafen, rief er.

Beten ist besser als schlafen.

Du hast die Wahrheit gesprochen, antwortete ich in Gedanken, und du hast gut daran getan, aber jetzt muß ich schlafen. Danach wird das Leben weitergehen, und es wird ein reicheres Leben sein.

# *Nachklang*

Weil der islamische Kalender ein reiner Mondkalender ist, erfolgten die Tage der Hadsch im Jahr darauf zwei Wochen früher. In der Zwischenzeit war einiges geschehen: Ich war von Bombay nach Kapstadt umgezogen. Mit den Ulema blieb ich in unregelmäßigem Kontakt per E-Mail. Der Alltag hatte mich – wie es meistens bei Auszeiten geschieht – schneller eingeholt als erhofft. Ich hatte Amir kein einziges Mal geschrieben und Hamidbhai kein einziges Mal besucht. Es war, als wollte ein Teil von mir die Erfahrung der Hadsch nicht mit anderen Erlebnissen vermischen. Die Erinnerung ist in den Hintergrund gerückt. Nur gelegentlich, wenn mich jemand Hadschi nennt, kommt mir die Pilgerreise für einige intensive Momente wieder in den Sinn.

Als Ramadan erneut begann – ein härteres Fasten wegen der langen Tage am Kap –, las ich meine Notizen durch und war fast überwältigt von der intensiven Vergegenwärtigung. Ich sehnte mich nach der Hadsch zurück, und ich wußte von einem Weg, wie ich die Reise noch einmal begehen konnte. Das war die stärkste Motivation, dieses Buch zu schreiben.

Heute beende ich es, am Tag von Id al-Adha, an dem die Zeitungen erneut von Toten bei der Steinigung berichten und der Imam der ältesten Moschee des südlichen Afrika dazu aufruft, für die sichere Rückkehr der Hadschis zu beten. In einigen Tagen werden die Verwandten zum Flughafen fahren und die gesegneten Heimkehrer abholen. Und bald werden jene mit ihren Vorbereitungen beginnen, die nächstes Jahr zur Hadsch aufbrechen – zu einem Höhepunkt in ihrem Leben und in ihrem Glauben.

Du hast nicht richtig gelebt, lautet ein alter Spruch, ehe du nicht auf Hadsch warst.

Kapstadt,
11. Zuul Hijjah 1424
(1. Februar 2004)

# *Glossar*

*Ahadith* Plural von *Hadith*

*Alhamdulillah* Gott sei gelobt

*Alim* Schriftgelehrter, insbesondere des Islam

*Asr* Gebet am Nachmittag; Teil des rituellen Gebets (*Salah*)

*Ayat (Ayaat pl.)* eine Strophe einer Sure

*Azaan* informieren, rufen; der Gebetsaufruf des *Muezzin*

*Bhai* Bruder (Urdu)

*Bismillah* Im Namen Allahs

*Burkha* schwarzer Überhang, den Frauen tragen und der ihren Körper verdeckt, manchmal sogar das ganze Gesicht

*Dschinn* Geist, unsichtbares Wesen aus Feuer, zum Teil gläubig, zum Teil ungläubig

*Dua* persönliches Gebet

*Fadschr* Gebet vor Sonnenaufgang; Teil des rituellen Gebets (*Salah*)

*Fatwa* Rechtsurteil einer qualifizierten Person

*Fidya* Kompensation für die Nichteinhaltung gewisser Vorschriften

*Fitna* Unheil, Unglück, Unordnung; Nichteinhaltung der islamischen Regeln

*Hadith* Erzählung, eine beglaubigte und daher verpflichtende Überlieferung über einen Ausspruch oder eine Handlung des Propheten

*Hafiz* jemand, der den gesamten Koran auswendig gelernt hat

*Halaal* allgemein: was gesetzlich ist, im speziellen: die Entbindung aus dem Zustand des *Ihram*

*Haram* was ungesetzlich ist

*Hidschra* die Flucht des Propheten im September 622 von Mekka nach Yathrib (Medina); sie markiert den Beginn der islamischen Zeitrechnung

*Hijaz* das Gebiet im zentralen Arabien, das Mekka und Medina umfaßt

*Id al-Adha* Tag des Opfers, Feiertag am 10. Zuul Hijjah

*Id al-Fitr* Feiertag am Ende des Fastenmonats Ramadan

*Iftar* das Brechen des Fastens nach Sonnenuntergang

*Ihram* Verbot, das Gegenteil von Ihlal; beinhaltet ein Ritual der Reinigung sowie das Tragen zweier ungenähter Tücher während der Hadsch beziehungsweise der *Umrah* – für Frauen ein einfaches Kleid

*Iiteqaaf* das Verbleiben in der Moschee für eine längere Zeit, die man sich zu Beginn vorgenommen hat

*Ilm* Wissen

*Imam* Führer, Vorbild; derjenige, der das Gebet anführt

*Iqemat* aufstehen, aufnehmen; einführende Ausrufung vor dem Gebet

*Ishaa* Gebet spät am Abend; Teil des rituellen Gebets (*Salah*)

*Ishrak* (er)leuchten; Gebet am Morgen nach Sonnenaufgang

*Jamaat* die Gemeinde einer Moschee

*Jamarat* symbolische Steinigung des Teufels

*Kalima* Glaubensbekenntnis

*Khutbah* Predigt am Freitag beim Mittagsgebet und an den zwei großen Festen von *Id al-Fitr* und *Id al-Adha* nach Sonnenaufgang

*Kiswah* der schwarze, mit Brokat verzierte Stoff, der die Kaaba bedeckt

*Kurta Pajama* typische Bekleidung der muslimischen Inder, bestehend aus breiten Hosen und einem überlangen Hemd

*Labbayk, Allahumma, labbayk; labbayk, laa scharika laka, labbayk; inna-l-hamda wa nimata laka wal-mulk; laa scharika laka!* Ich stehe vor Dir, Allah, ich stehe vor Dir; ich stehe vor Dir, es gibt neben Dir keinen, ich stehe vor Dir. Gewiß sind Lob und Segen Dein, und alle Herrschaft; es gibt neben Dir keinen!

*Mabruk (Mubarak)* Glücklicher, Beglückter, Segnung, Glückwunsch

*Maghrib* Gebet nach Sonnenuntergang; Teil des rituellen Gebets (*Salah*)

*Mashallah* was Gott wollte; Ausdruck des eigenen Glücksgefühls

*Medrasa* Koranschule für die Ausbildung von Kindern und Jugendlichen

*Miqat* die Stationen an der Grenze zum heiligen Gebiet um Mekka herum, an denen die Pilger spätestens den *Ihram* anzulegen haben

*Muezzin* der Ausrufer, der die Gläubigen zum Gebet mahnt – früher vom Minarett aus, heute über Lautsprecher

*Mufti* ein *Alim*, der besondere Kenntnisse des islamischen Rechts (Scharia) besitzt

*Qibla* die Gebetsrichtung zu Mekka hin, gekennzeichnet in Moscheen durch die Gebetsnische (Mihrab)

*Raka* ein Abschnitt der täglichen Gebete, sozusagen ein ritueller Zyklus

*Saay* das Rennen, die vorgeschriebenen sieben Wegstrecken zwischen den Hügeln Safa und Marwa

*Sahib (Sahaabah pl.)* Freund, Begleiter; meist verwendet für die Gefährten des Propheten *(saw)*

*Salah* das rituelle Gebet bestehend aus *Fadschr, Zohar, Asr, Maghrib* und *Esha*

*Sallallahu alaihi wa-sallam (saw)* Möge Gott ihn mit Frieden und Segen beschenken

*Sharif* nobel, sanft, ehrenwert; ursprünglich ein Nachfahre des Propheten; im weiteren Sinne die Herrscherfamilie in Mekka von etwa 1200 bis 1924

*Sheikh (Sheikha f.)* ein Mann beziehungsweise eine Frau, die wegen ihres Wissens und ihrer Weisheit respektiert werden

*Shirk* Vielgötterei, Animismus

*Subhanallah* Gott sei gepriesen

*Tabliqh Jamaat* predigende Gruppe

*Tafsir* Interpretation des Korans

*Tarawih* Rezitation des gesamten Korans während der Abendgebete im Fastenmonat Ramadan

*Tashahhud* abschließende Gebetsformel bei jedem rituellen Gebet

*Tawaf* das vorgeschriebene siebenmalige Umkreisen der Kaaba

*Ulema* Plural von *Alim*

*Umma* die Gemeinschaft aller Muslims

*Umrah* besuchen; kleine Pilgerreise, die begangen wird, wenn man Mekka außerhalb der Hadsch aufsucht

*Wazu* rituelle Reinigung vor dem Gebet

*Zikr* Gedenken an Gott

*Zohar* Gebet zur Mittagszeit; Teil des rituellen Gebets (*Salah*)

# Abenteuer Orient

Carmen Rohrbach

**Im Reich von Isis und Osiris**

Eine Nilreise von Abu Simbel bis Alexandria

Carmen Rohrbachs 1000 Kilometer langer Weg ist eine fesselnde Erkundungsreise entlang Ägyptens Lebensspender – des sagenumwobenen Nil.

Tahir Shah

**Der glücklichste Mensch der Welt**

Meine Reise zu den Geschichtenerzählern Marokkos

Tahir Shah folgt den magischen Legenden aus 1001 Nacht und reist in die mittelalterlichen Medinas von Marrakesch und Fès und weiter bis in das Sandmeer der Westsahara.

Oss Kröher

**Das Morgenland ist weit**

Die erste Motorradreise vom Rhein zum Ganges

Zwei junge Pfälzer brechen 1951 mit dem Seitenwagen-Motorrad auf ins ferne Indien: »ein Zeitdokument von großem Wert« (Elke Heidenreich), mitreißend erzählt und reich bebildert.

MALIK NATIONAL GEOGRAPHIC

10/1012/04/3s